D1876263

Karl-Heinz Göttert

Es gibt keinen Kuß mehr

Karl-Heinz Göttert

Es gibt keinen Kuß mehr

Die (neue) Rechtschreibung erklärt

Philipp Reclam jun. Stuttgart

RECLAM TASCHENBUCH Nr. 20157

Umschlaggestaltung: büroecco!, Augsburg
unter Verwendung eines Fotos von Getty Images
Gesamtherstellung: Reclam, Ditzingen
Printed in Germany 2007
RECLAM ist eine eingetragene Marke
der Philipp Reclam jun. GmbH & Co., Stuttgart
ISBN 978-3-15-020157-2

www.reclam.de

Inhalt

Eine kleine Geschichte zur Einleitung

In einer Stadt, deren Name nichts zur Sache tut, lag inmitten des Häusermeers ein hübscher, nicht allzu kleiner Spielplatz. Zwei Klettergerüste, eine mehrsitzige Schaukel, eine kleine Rutschbahn, zwei Wippen und ein größerer Sandkasten gehörten zur Ausstattung. Jeden Morgen trafen Eltern mit ihren Zöglingen ein, nickten sich zur Begrüßung zu und versenkten sich in die mitgebrachten Zeitungen, während sich die Kleinen ihre Plätze suchten. Die einen buken Sandtörtchen, andere schaukelten, wieder andere erkletterten die Gerüste. Es gab auch Sonderlinge, die sich in Ecken verkrochen und die anderen aus sicherer Entfernung beobachteten. Aber es herrschte Frieden, von kleinen Neckereien abgesehen.

Dann geschah etwas Eigenartiges. Der Morgen unterschied sich in nichts von all den anderen zuvor. Die Kinder hatten ihre Plätze bezogen, die Eltern ihre Nasen in die Druckwerke gesteckt. Da rief ein Knirps, dem es auf dem Klettergerüst langweilig geworden war, die anderen zu sich und begann eine Rede. Ohne besonders wohlgeformte Worte hatte sie folgenden Inhalt: Wir wollen eine Reform machen, die uns das Leben auf dem Spielplatz vereinfacht. Da kaum jemand verstand, worum es sich handelte, schritt der Knirps zur Erläuterung, berichtete, dass seine Eltern gerade bei der Aufteilung der Hausarbeiten ganz ähnlich verfahren seien, berief sich aufs Fernsehen, wo solche

Ideen ebenfalls immer wieder vorkämen, bis ein allmähliches Verstehen einsetzte. Während die Erwachsenen bei ihrem Lesen nichts bemerkten, schälten sich bei den Kindern die Konturen eines Programms heraus. Nein, die dauernde Ruhe sei wirklich zu öde, es gehe nicht an, dass die einen immer buken und die anderen immer kletterten. Etwas Neues müsse her. Wer morgens als Erster eintreffe, solle sich einschaukeln, um bei leichtem Kopfschwirren den Nachfolgenden Platz zu machen und selbst zum Backen überzugehen und so fort. Binnen einer halben Stunde – die Eltern merkten immer noch nichts – gab es eine Spielordnung, die alles auf den Kopf stellte, was bisher gegolten hatte.

Da erwachte die erste Mutter aus ihrer Lektüre. Obwohl sie eigentlich noch in Gedanken bei der Schadstoffbelastung von Obst und Gemüse war, kam ihr die plötzliche Zusammenrottung eigenartig vor. Noch eigenartiger aber die anschließende prozessionsartige Ablösung an den Spielgeräten, die sie noch nie gesehen hatte. Sie alarmierte zuerst einen in ihrer Nähe sitzenden Vater, der den Anblick auch ungewöhnlich fand, und schritt dann mitten auf den Platz, um ihren eigenen Kleinen zur Rede zu stellen. Obwohl der die Angelegenheit herunterspielte, ließ sich die Mutter nicht beruhigen. Sie verlangte zuerst, Einzelheiten zu erfahren, geriet über jedes Detail in zunehmende Erregung und forderte den alsbaldigen Abbruch des Begonnenen. Inzwischen hatten auch die anderen Eltern gemerkt, dass etwas im Gang war. Ohne genau zu wissen, worum es eigentlich ging, ergriff jeder Partei. Die meisten waren dabei für die Rückkehr zum Gewohnten.

Der Glockenschlag der nahen Kirchturmuhr unterbrach Punkt Zwölf die Debatte, indem die meisten den Rückweg antraten und jeder Erwachsene hoffte, die Kinder würden über Nacht das Ganze vergessen. Aber der nächste Morgen belehrte sie eines Besseren. Wieder setzte die Prozession ein, worauf der erste Vater im Zorn zum Boykott überging und zusammen mit seinem Sohn den Spielplatz verließ. Die anderen fügten sich schon aus Bequemlichkeitsgründen zähneknirschend ins Unvermeidliche.

Dies aber nahm keineswegs so seinen Lauf, wie die meisten gedacht hatten. Eines Morgens bemerkten die Eltern, dass wieder eine Zusammenrottung stattfand. Der Knirps, der eigenen Neuregelung bereits überdrüssig, schlug vor, die Reform noch einmal zu reformieren. So sollte nun stundenweise das Programm gewechselt werden: Beginn um Neun mit prozessionsartigem Ablauf, dann eine Stunde lang freie Gerätewahl wie früher, in der nächsten wieder Prozession – also Mischung von Alt und Neu. Es war klar, dass dies ganz nebenbei die Eltern beruhigen sollte, die immer mürrischer geworden waren. Aber nie mehr sollte sich die alte Stimmung einstellen. Mal schauten die Eltern auf, um festzustellen, dass unklar war, in welcher Phase der Alternativen sich die Kinder gerade befanden. Mal befassten sie sich nur noch intensiver mit ihrem Druckwerk, um alle Sorgen hinsichtlich eines vernünftigen Spielens zu verscheuchen. Mancher dachte wohl daran, den Spielplatz für immer zu verlassen. Aber wenn er abwog, welche Konsequenzen dies haben würde, lenkte er doch zuletzt ein. Im Grunde fürchtete jeder nur noch eines: die nächste Reform.

Waswia Indn färgänge Maht Ham

Oder: Warum man besser nicht so schreibt, wie man spricht

Jeder hat irgendwann in seiner Schulzeit schon einmal gehört und vermutlich als Trost empfunden: »Schreibe, wie du sprichst.« Es ist schon sehr erstaunlich, dass diese Regel keineswegs nur als Kinderregel gedient hat. Vielmehr handelt es sich um eine Formulierung von Profis mit mindestens zweitausendjähriger Tradition. Noch viel erstaunlicher aber ist dieses: Die Regel ist eine Katastrophe. Sie ist nicht zu befolgen, sorgt für Verwirrung, macht jede vernünftige Überlegung zur Rechtschreibung im Kern kaputt. Dies muss man zuallererst begreifen, weil man sonst überhaupt nichts begreifen wird.

Greifen wir dazu weit zurück in die Geschichte! Der Erste, der diese Regel formuliert hat, war Quintilian, der große Rhetorikpapst in der Antike. Quintilian leitet sein berühmtes Lehrbuch mit einem Kapitel zur Korrektheit im Sprachgebrauch ein und singt dabei übrigens ein hohes Lied dieser Tugend. Wer schreibt, solle gefälligst richtig schreiben, alles andere sei eine Zumutung. Ganz am Ende seiner Ausführungen findet sich dann der Satz: »Mein Urteil geht dahin, wenn es die Gewohnheit nicht anders fordert, alles so zu schreiben, wie es klingt …«. Immerhin also: Wenn es die Gewohnheit nicht anders fordert, und das tut sie auch nach Quintilian eben sehr häufig. Wie gesagt: Vieltausendmal ist es nachgesprochen worden, von den bedeutendsten Koryphäen der Materie. Der große Adelung, nach dem sich Goethe richtete, posaunte es geradezu heraus. Konrad Duden sagte es, weil er es schon besser wusste, ein wenig verschämt. In den letzten Jahrzehnten baut ein ganzer Pädagogikzweig wieder auf der Devise auf. Und die Reform hat unter vielen problematischen Zügen auch diesen, dass sie sich an den vermeintlichen Notanker hält. Aber die moderne Linguistik (stellvertretend: Utz Maas, *Grundzüge der deutschen Orthographie*, Tübingen 1992; Dieter Nerius, Hrsg., *Studien zur Entwicklung der deutschen Orthographie*, Hildesheim 1992; Dieter Nerius, *Deutsche Orthographie*, Hildesheim 2006; Peter Eisenberg, *Grundriss der deutschen Grammatik*, 2 Bde., Stuttgart 2006) hat es in allen Einzelheiten und in jeder erdenklichen Klarheit gezeigt: Das Prinzip ist falsch, an der Wurzel falsch.

Der Gedankengang, auf den es hier ankommt, ist dieser: Irgendwie liegt es nahe, das Geschriebene als ein Abbild des Gesprochenen anzusehen. Die Buchstaben wären dann Bilder der Laute. Tatsächlich gibt es das: in der Phonetik. Nur bedarf es eines einzigen Blicks auf eine phonetische Wiedergabe von Gesprochenem, um zu sehen, dass sie nichts mit Schrift im landläufigen Sinne zu tun hat:

> das ˈmoːnt.lɪçt fɛlt ʔaʊf das ˈfuːs. ʔɛn.də ˈmaɪ.nəs
> ˈbɛt̩əs ʔʊnt liːkt dɔɐt viː ʔaɪn ˈɡʁoː.sɐ ˈhɛl̩ɐ ˈflax̩ɐ ʃtaɪn

Phonetisch fixierte Sprechsprache ist kaum lesbar, selbst Spezialisten müssen sie entziffern:

> *Das Mondlicht fällt auf das Fußende meines Bettes*
> *und liegt dort wie ein großer, heller, flacher Stein.*

Der Grund findet sich darin, dass wir gehörte Sprache ganz anders verarbeiten als gelesene. Beim Hören stört uns nicht, dass Wörter ineinander übergehen. Beim Lesen brauchen wir zum Verständnis die Abtrennung ganz notwendig. Auf der akustischen Ebene gibt es offenkundig viel reichlichere Signale zum Verständnis, auf der visuellen bedarf es eines besonderen Aufwands, um das Defizit auszugleichen. So gesehen ist die Schrift eine eigene Art der Versprachlichung mit einer eigenen kulturellen Formung. Die Devise zu schreiben, wie man spricht, ist im günstigsten Falle eine Selbsttäuschung.

Man kann es sich an ein paar Beispielen klarmachen. Man nehme nur ein Wort wie *Rad*. Es wird mit *d* geschrieben, also entgegen der Aussprache mit stimmhaftem Dental, weil es im Genitiv lautet: *des Rades*, im Plural: *die Räder*. So etwas nennt man Schemakonstanz. Derselbe Gegenstand ›Rad‹ soll in allen Flexionsstufen möglichst gleich aussehen. Leser lesen nämlich nicht Buchstaben, sondern Wortbilder. Das gleiche Wortbild unterstützt die Identifizierung. Übrigens ist es auch deshalb problematisch, *Rad* mit *t* zu schreiben, weil es ja auch noch den *Rat* gibt. So etwas nennt man Homonyme, gleichklingende Wörter mit unterschiedlicher Bedeutung. Wenn man sie schreibt, wie man sie spricht, kann man sie beim Lesen leicht verwechseln. Deshalb also die (allerdings keineswegs regelmäßige: vgl. *Bremse, Bank, Leiter* usf.) Unterscheidung:

Mahl/Mal – Mohr/Moor – Uhr/Ur – Weise/Waise

Aber selbst dies ist nicht alles, vielleicht nicht einmal das Wichtigste. Man muss nämlich daran denken, dass eine Sprache wie das Deutsche nicht überall identisch gesprochen wird. Es gibt vielmehr die Dialekte, und zwar nicht nur in Form von beinahe Zweitsprachen wie etwa beim Bayerischen, Kölschen, Sächsischen usf. Auch in der Hochsprache, auf die man sich als Kunstprodukt geeinigt (und im Aussprachewörterbuch fixiert) hat, gibt es noch gravierende Unterschiede. Man muss nur einmal ein Wort wie *Bär* von verschiedenen Sprechern aussprechen lassen. Dann findet man erstens verschiedene Realisierungen des *r,* als Zungen- oder Zäpfchen-*r* besonders, aber zweitens auch vokalische Realisierungen vom tonlosen *e* bis hin zu Anklängen an ein *a* oder *o*. All dies steckt ein Hörer weg. Wahrscheinlich glaubt er, ein *r* zu hören, auch wenn alles andere als ein *r* erklingt. Beim Hören spielen solche Unterschiede schlicht keine Rolle. Aber man stelle sich vor, es gäbe fünf verschiedene Verschriftungen:

Bär – Bärrr – Bäe – Bäa – Bäo

Man wäre mindestens verwirrt, müsste nachdenken, um herauszufinden, dass von einem ›Bären‹ die Rede ist. Das Gleiche gilt übrigens für Fälle wie *lähmen*. Das lange *ä* wird im Norddeutschen als langes *e* gesprochen. Was aber wäre, wenn man in Kiel *lehmen* schreiben würde und in München *lähmen*? Nicht einmal die Kieler kämen damit zurecht. Das *ä* in *lähmen* ist also ein Kompromiss, bei dem es übrigens eine Rolle spielt, dass das *ä* (als Schemakonstanz) besser zu *lahm* passt.

Wer diesen Gedanken einmal nachvollzogen hat, kann sich nur wundern, dass heutzutage tatsächlich didaktische Konzepte grassieren, die selbst klaren Dialekt verschriftlicht sehen wollen. Die armen Schüler sollen angstfrei schreiben, wie sie es hören: ›parlando‹ heißt das dann. Herauskommen dabei (wie Angela Enders mitgeteilt hat) Ungetüme wie:

Aima
IHOPKSCHPIN.
Waswia Indn färgänge Maht Ham.

Übersetzt ergibt dies:

Eimer
Ich habe gespien.
Was wir in den Ferien gemacht haben.

Das mögen Eltern, die ihre Kinder kennen und lieben, herausfinden. Schrift ist aber für etwas anderes gemacht: für ein Verstehen von allen, ohne Kontext, ohne Raten, wenn man weder weiß, wer spricht, noch worum es geht. Dafür braucht man feste Regeln. Sie haben sich schon immer herausgebildet, selbst bei denen, die verkünden, man solle so schreiben, wie man spricht.

Daraus aber ergibt sich: Rechtschreibung will gelernt sein, schulmäßig gelernt sein. Auch hier also existiert keine Parallele zum Sprechen(lernen) mit seinen ›natürlichen‹ Abläufen. Schreiben(lernen) ist der erste, der klassische Fall des Lernens per Unterricht. Eine andere Frage lautet, wie schwer dieses Lernen sein darf oder muss. Wenn klar ist, dass Schreiben für das Lesen bestimmt ist, so darf man auch fragen, wieweit seine Regeln den Schreibenden entgegenkommen sollen oder dürfen. Im Grunde liegt in diesem Punkt das entscheidende Problem. Was ich dem Lesenden an Erleichterung schenke, bürde ich dem Schreibenden als Schwierigkeit auf. Daher die typische Kompromissstruktur jeder Rechtschreibung. Das Nebenproblem liegt darin, dass der jeweils geltende Kompromiss von den Könnern verteidigt wird, weil jede ›Erleichterung‹ für sie Umorientierung und daher Erschwerung bedeutet. Jede Reform der letzten hundert Jahre war von heftigen Protesten begleitet, und zwar von Protesten gerade gegen ›Erleichterungen‹. Was wenige wissen: Praktisch jede Reform dieser Zeit hat die Abschaffung der Groß- und Kleinschreibung verlangt, wahrscheinlich die größte Erleichterung, die bei der deutschen Rechtschreibung denkbar ist. Jedes Mal, auch zuletzt, ist der Vorschlag am Protest gescheitert. Worauf genau beruht solcher Protest?

Vordergründig gibt es immer das Argument der ›Verarmung‹. Im Falle der Groß- und Kleinschreibung werden dann Beispiele ins Feld geführt, die scheinbar belegen, dass man sich nach einem solchen Eingriff nicht mehr verstehen könne: »Er hat liebe genossen«, »der gefangene floh« usf. (um auf die typischen Obszönitäten zu verzichten). Tatsächlich spielt etwas anderes eine Rolle. Die Rechtschreibung, gerade weil sie aus Prinzip nicht ›natürlich‹ sein kann, ist eine kulturelle Errungenschaft, die wie jede andere auch Achtung verdient. In unserer heutigen Rechtschreibung stecken Entscheidungen, die Experten im frühen Mittelalter getroffen haben, als sie das bis dahin nicht verschriftlichte Deutsch mithilfe des eigentlich fremden lateinischen Alphabets schriftfähig gemacht haben. Andere Entscheidungen fielen in späteren Zeiten, etwa die Regelung der Großschreibung. Daraus wuchs etwas, was schon die antiken Spezialisten den Gebrauch oder die Gewohnheit nannten und immer sehr hoch bewerteten. Die vielen ›phonetischen‹ Vorstöße der Neuzeit hatten dagegen nie eine Chance. Friedrich Gottlieb Klopstock, der sich dem Thema in einem Artikel *Über die deutsche Rechtschreibung* widmete, schlug Wörter wie *hinwerz, nichz* usf. vor. Friedrich Wilhelm Frickes radikaler *Algemeiner ferein für fereinfahte rehtschreibung* von 1876 zeigt schon im Titel, wohin es gehen sollte. Auch Konrad Duden war noch für den Vorschlag der Orthographischen Konferenz von 1876, die Vokallänge nicht mehr eigens zu bezeichnen, also etwa *Har, Stul, füren* zu schreiben. Und dann klopfte gerade er jede noch so ›einleuchtende‹ Neuerung daraufhin ab, wieweit sie mit der Gewohnheit verträglich sei.

Damit ist das ganze Dilemma offenbar. Die Rechtschreibung muss eigentlich Unmögliches schaffen: Sie muss das Lesen unterstützen, sie muss leicht zu erlernen sein und sie muss außerdem die Tradition bewahren. Jeder Eingriff verstößt zuerst einmal gegen die Tradition, verbessert vielleicht das Erlernen, schwächt aber womöglich die Lesefähigkeit. Verbessert er die Lesefähigkeit, schwächt er die Lernbarkeit und verstößt sowieso gegen die Tradition. Keine beneidenswerte Lage! Die jüngste Reform hat in diesem Dilemma klar Position bezogen. Sie ist angetreten mit dem erklärten Ziel, die Lernbarkeit zu verbessern. Die Reform wollte also Vereinfachung bringen. Dass dies nur für diejenigen gelten kann, die mit dem Lernen anfangen, versteht sich. So gesehen muss man manche Kritik zurückweisen. Auf der anderen Seite wird sich zeigen, dass die Reform ihr selbst gestecktes Ziel nicht erreicht hat. Die Regeln sind kaum einfacher geworden, auch nicht für diejenigen, die sie noch nicht beherrschen. Wo Ansätze zu Vereinfachungen erkennbar sind, sind diese durch zu viele Kompromisse in Richtung des Gewohnten zugeschüttet worden. Damit wird weiterhin das Gedächtnis mit viel zu vielen Einzelfällen belastet. Versuchen wir im Folgenden, wenigstens Hauptzüge der Orientierung herauszuarbeiten.

Küsst er den Küster, dann ackert er auch im Sakko

Oder: Schwierigkeiten mit der Bezeichnung der Kürze

Dazu beginnen wir mit der Zuordnung von Lauten zu Buchstaben. Eines wissen wir schon: Es hat keinen Zweck, dem Phantom einer phonetischen Schrift nachzujagen, bei der die Zuordnung glatt oder möglichst 1:1 aufgeht, bei der also jeder Laut seinen Buchstaben und jeder Buchstabe seinen Laut bezeichnet. Im Deutschen liegt das Verhältnis insgesamt ungefähr bei 1:2, und zwar in beiden Richtungen. Es gibt also für jeden Laut durchschnittlich (in Einzelfällen ist das Verhältnis günstiger bzw. wesentlich ungünstiger) zwei Buchstaben und für jeden Buchstaben durchschnittlich zwei Laute.

So unpraktisch ist dies nun einmal, wenn man möglichst problemlos lesen will. Dabei trifft es nicht für jede Sprache zu. Im Finnischen oder im Indonesischen liegen die Verhältnisse viel günstiger. Dies verdankt sich den unterschiedlichen Sprach*typen*. Die Wörter im Deutschen (und das gilt natürlich auch für seine Verwandten wie das Englische, Französische, Lateinische, Griechische usf.) haben einen Kern, der bei den verschiedenen Wortbildungsprozessen ausgesprochen instabil ist. Man nehme nur den Fall *binden*. Die Bedeutung hängt an den vier Buchstaben *bind*, das *en* ist die Infinitivendung. Genau genommen hängt die Bedeutung sogar nur an drei Buchstaben, nämlich an *bnd*, denn das *i* verflüchtigt sich sehr schnell in den verschiedenen Zeitstufen:

band – *(ge)bund(en)*

Und auch das *d* ist nicht völlig fest. Wenn es heißt: *er band*, wird das stimmhafte *d* in Endstellung als stimmloses *t* artikuliert (die sogenannte Auslautverhärtung). Nichts davon fällt einem beim Hören auf, mühelos verstehen wir, dass stets die Bedeutung ›binden‹ zugrunde liegt, auch in Substantivierungen wie der *Binde*, dem *Band* oder dem *Bund*. Die Schreibung fasst diese Gleichheit der Bedeutung in eine (möglichst) gleiche Folge von Buchstaben, hält gegen die Aussprache zumindest das *d* stabil, um zu signalisieren, wovon die Rede ist. Das Finnische oder Indonesische kennt solche Probleme nicht, weil diese Sprachen Flexion und Wortbildung durch Hinzufügung von Silben bei konstanter Wurzel lösen. Deshalb haben Finnen und Indonesier auch weniger Probleme mit der Rechtschreibung und können tatsächlich (fast) so schreiben, wie sie sprechen.

Aber zurück zum Ausgangspunkt: Wie funktioniert das nun mit den einzelnen Lauten im Deutschen? Wie werden zum Beispiel die Vokale in der Schrift wiedergegeben? Für das bessere Verständnis zunächst eine Vorbemerkung zur Bildung der Vokale mithilfe des Sprechapparats. Grundsätzlich gilt (salopp gesagt): Mund auf und Atemstrom heraus. Welcher Vokal genau entsteht, entscheidet die Zungenstellung, besser: die Stellung des Zungenrückens im Mundraum. Wenn die Zunge ganz unten liegt, erklingt ein *a*. Wenn man sie nach oben drückt, kommen das *i* (vorne) oder das *u* (hinten) heraus. Dazwischen, gewissermaßen auf der mittleren Etage, liegen das *e* und das *o*. Man kann dabei den Atem kurz ausstoßen oder länger. Darauf beruhen kurze (geschärfte) und lange (gedehnte) Vokale. Das ergibt insgesamt zehn. Aber es kommen noch einige hinzu. Erstens das tonlose *e* in Endungen von Wörtern wie *loben*; zweitens drei Umlaute, jeweils kurz und lang:

ä, ö und *ü*

Und dann noch fünf Doppelvokale oder Diphthonge:

ei, ai, au, äu und *eu*

Macht zusammen zweiundzwanzig.

Entscheidend für die Rechtschreibung ist, dass für die Bezeichnung der Länge bzw. Kürze der Vokale keine unterschiedlichen Buchstaben zur Verfügung stehen. In anderen Sprachen ist dies anders, zum Beispiel im Griechischen. Dort gibt es beim *o* das kurze Omikron (*ο*) und das lange Omega (*ω*), das übrigens eine interessante Herkunft hat: Das Omega ist erkennbar die Verdoppelung des Omikron, ein Verfahren zur Bezeichnung der Länge, das auch im Deutschen angewendet wird, bei *Moor* zum Beispiel. Beim kurzen und langen *e*-Laut besitzt das Griechische Epsilon (*ε*) und Eta (*η*), bei *a, i* und *u* gibt es keine doppelten Zeichen. Das Omega und das Eta sind recht junge Erfindungen, woraus hervorgeht, dass das Griechische sehr vorsichtig mit dem Mittel einer Anzeige der Länge experimentiert hat. Die Römer haben dies nicht übernommen, sondern lange und kurze Vokale gleich geschrieben. Wir Deutsche haben dies wiederum von den Römern. Während Hörer natürlich keine Probleme haben, weil sie Länge und Kürze ja völlig klar präsentiert bekommen, entsteht für Leser ein Problem. Um es zu entschärfen, hat man Ideen entwickelt, Kürze und Länge statt mit unterschiedlichen Buchstaben im Umfeld der betreffenden Vokale zu signalisieren. Man sieht es an Beispielen wie:

(*ich*) *kann* und (*der*) *Kahn*

In *kann* ist das *a* kurz, in *Kahn* lang. Man stelle sich vor, beide Wörter würden gleich geschrieben. Dann müsste man beim Lesen (jedenfalls bei Stellung am Satzanfang) raten, ob *kann* oder *Kahn* gemeint ist. Wenn dagegen das *n* verdoppelt ist bzw. dem *a* ein *h* folgt, weiß man Bescheid.

Befassen wir uns nun zunächst etwas genauer mit der Bezeichnung der Kürze. Das Beispiel *kann* lässt sich nicht verallgemeinern, nicht immer wird die Kürze also durch nachfolgende Konsonantenverdoppelung bezeichnet. Im Grunde ist die Verdoppelung sogar die Ausnahme. Sie stammt aus Zeiten, in denen tatsächlich doppelte Konsonanten nach der Wurzel gesprochen wurden. *Kennen* hieß im frühesten Deutsch (im Althochdeutschen) *chennan*, wobei das erste *n* bei der ersten Silbe, das zweite *n* bei der zweiten gesprochen wurde: *chen-nan*. Solche ›echten‹ Doppelkonsonanten (sogenannte Geminaten) sind schon im Mittelalter endgültig aus dem deutschen Wortschatz verschwunden (im Italienischen hört man sie noch in Wörtern wie *ho fatto* ›ich habe gemacht‹, gegenüber *il fato* ›das Schicksal‹). Aber wie so oft wurde nun die alte Schreibweise für einen neuen Zweck benutzt: eben für die Bezeichnung der Kürze des Vokals in der ersten Silbe. Ist diese Silbe geschlossen (folgt dem Vokal der Silbe also ein ›abschließender‹ Konsonant), kann sie im Deutschen nämlich lang oder kurz sein. Um dem Lesenden die richtige Alternative zu signalisieren, wird die Kürze mit der Doppelkonsonanz bezeichnet:

Affe – Ebbe – immer – Kontrolle – stumm – Stätte – spöttisch – Hütte

Folgen dem kurzen Vokal in der Wurzel zwei (verschiedene) Konsonanten, ist der Vokal automatisch kurz und eine Bezeichnung entsprechend überflüssig:

Mantel – Geste – binden – blonde – runde – lästig – Söldner – Münster

Küster fällt ebenfalls unter diese Regel: kein doppeltes *s*, weil dem *ü* ein *s* plus *t* folgt – also zwei Konsonanten. In der Wendung *küsst er* stehen dagegen zwei *s*, weil *küssen* in seiner Grundform (von der aus immer im Sinne der Schemakonstanz verallgemeinert wird) dem anderen Muster angehört: einfacher Konsonant nach kurzem Vokal.

Man sieht also: In diesem Fall herrscht viel vernünftige Überlegung. In der Geschichte der Rechtschreibung hat man nach beiden Polen hin radikalere Lösungen gesucht. Im 16. Jahrhundert fing man an, alle Kürzen durch nachfolgende Konsonantenverdoppelung zu bezeichnen:

unnd – nennenn

Umgekehrt hat man in Reformbewegungen immer wieder vorgeschlagen, die Bezeichnung der Kürze durch Doppelkonsonanz ganz aufzugeben, also:

Afe – imer

Durchgesetzt hat sich letztlich die Mischform: teilweise Bezeichnung, teilweise nicht. Dazu gab es stets Sonderregeln, die die verbleibende Logik zusätzlich durchkreuzten. Noch harmlos die Ersetzung der doppelten Konsonanten durch spezielle Schreibformen wie *ck* statt *kk*, *tz* statt *zz*:

Acker – meckern – Klicker – locken – ruckeln – Matratze – Fetzen – ritzen – motzen – Lutz

Schon störender die Ausnahmen von der Ausnahme bei einigen Fremdwörtern. In diesen Fällen bleibt es bei der Herkunftssprache wie etwa bei:

Mokka – Sakko – Pizza – Razzia – Skizze

Aber nun beginnt erst das Chaos. Es gibt ganze Wortgruppen, die aufgrund ihrer eben geschilderten Silbenstruktur den doppelten Konsonanten haben müssten, ihn aber nicht erhalten. Dazu gehören erstens einsilbige Wörter aus dem Englischen:

Bus – Gag – Job – fit

Zweitens Wörter mit den Nachsilben *-ik* und *-it,* die auch lang gesprochen werden können:

Kritik – Politik – Kredit – Profit

Drittens Wörter mit unklarem Wortaufbau oder mit Bestandteilen, die nicht selbstständig vorkommen:

Brombeere – Damwild – Imbiss – Imker – Sperling – Walnuss

Viertens Fremdwörter:

Ananas – April – City – Hotel – Kamera – Mini

Fünftens Wörter mit den Endungen *-d, -st* und *-t*:

Brand (trotz *brennen*) – *Geschwulst* (trotz *schwellen*) – *gesamt* (trotz *zusammen*)

Sechstens einsilbige Wörter mit grammatischer Bedeutung:

ab – dran – ob – an – in – um – bis – man – was – das – mit

Siebentens Formen der Verben *sein* und *haben*:

bin – hat

Achtens die folgenden Ausnahmen:

Drittel – Mittag – dennoch

Umgekehrt verdoppelt man in einigen Fällen den Buchstaben für den einzelnen Konsonanten, obwohl der vorausgehende kurze Vokal nicht betont ist. Dies ist der Fall in einigen Fremdwörtern mit scharfem *s*:

Fassade – Karussell – Kassette – Passieren – Rezession

Weiterhin in einigen Wörtern mit *tz*:

Kiebitz – Stieglitz

Wörter mit den Endungen *-in, -nis, -as, -is, -os* und *-us* verdoppeln den Konsonanten hinter kurzem Vokal nur im Plural:

Ärztinnen (neben *Ärztin;* vgl. dagegen *Kinn*) – *Kenntnisse* (neben *Kenntnis;* vgl. dagegen: *Abriss*) – *Ananasse* (neben *Ananas*) – *Kürbis* (neben *Kürbisse*) – *Globusse* (neben *Globus*)

An all diesen Fällen hat man in der Reform nichts geändert, sondern es bei der Gewohnheit belassen. Eingegriffen hat die Reform nur an einer verhältnismäßig harmlosen Stelle. Einige Wörter, die den Kurzvokal in der unbetonten zweiten Silbe haben (was es nur bei alten Fremdwörtern gibt) und deshalb bislang ohne Konsonantenverdoppelung blieben, erhalten nun den doppelten Konsonanten, wenn es analoge Formen gibt:

nummerieren (nach *Nummer*) – *horrend* (nach *Horror*) – *Stuckateur* (nach *Stuck*)

Fassen wir die Lage nun zusammen. Es gibt im Deutschen ein Mittel, um die Kürze des Vokals anzuzeigen: die Verdoppelung des nachfolgenden Konsonanten. Von diesem Mittel wird nach einer durchaus klaren Regel teilweise Gebrauch gemacht, teilweise jedoch nicht. Die größten Probleme lassen sich auf zwei Fälle reduzieren.

Erstens: Vorsicht bei einsilbigen Wörtern!

Dazu gehören die englischen Beispiele (*Bus, fit, Job*), während der *Tipp* als deutsch gilt und das doppelte *p* entsprechend in Schemakonstanz zu *tippen* erhielt. Weiterhin ist die Kürze unbezeichnet bei den Einsilblern mit grammatischer Funktion (*ab, das, man*) und den Verbformen *bin, hat* (übrigens neben regelmäßigem *hatte*). Im Grunde muss man nur die englischen Beispiele besonders berücksichtigen, weil die anderen Fälle so oft vorkommen, dass sich kaum einer vertut. Auch die Ausnahmen von dieser Regel, also etwa die Einsilbler *dann* oder *wann,* kommen ständig vor. Zu den einsilbigen englischen Beispielen könnte man noch sagen, dass sie rasch wieder regelmäßig werden, wenn eine zweite Silbe hinzukommt: *jobben* neben *Job* (hier also keine Schemakonstanz).

Zweitens: Vorsicht bei Fremdwörtern!

Dazu gehören die Wörter auf *-ik* und *-it* (*Kritik, Kredit*), weiter *Ananas* (neben *Bass*) und *City, Hotel* und *Roboter* usf. Zu den Fremdwörtern könnte man weiterhin noch einige ziemlich fremde Wörter stellen wie die »Wörter mit unklarem Wortaufbau«, also *Brombeere, Damwild, Walnuss* usf.

Bei einsilbigen Wörtern und Fremdwörtern ist Konsonantenverdoppelung also die Ausnahme. Ebenfalls nicht verdoppelt werden Konsonanten nach *unbetonten* Vokalen, also Fälle wie *Ärztin* (im Gegensatz zu *Kinn*) und *Kenntnis* (im Gegensatz zu *Abriss,* dies allerdings aufgrund der Analogie zu *abreißen*). Vielleicht ist die *Ärztin* der einfachere Fall, während die *Kenntnis* wohl oft falsch als **Kenntniss*[1] geschrieben werden dürfte. Unproblematisch sind dagegen die ›Ausnahmen‹ *Drittel, Mittag,* insofern kaum noch jemand daran denkt, dass das einmal Zusammensetzungen waren: *Dritt-tel, Mitt-tag, denn-noch.* Die ältere Schreibweise mit jeweils drei Konsonanten hatte schon Duden 1901 beseitigt. Um die Zusammenfassung noch einmal zusammenzufassen: Die Bezeichnung der Vokalkürze war vor der Reform und ist nach der Reform ein schwieriges Kapitel. Insgesamt dominiert die Gewohnheit sehr stark und verlangt viel Gedächtnis. Die ›Regeln‹ sind geradezu durchlöchert von Ausnahmen. Trotzdem lohnt es sich, das Prinzip im Auge zu behalten: Standard ist die Verdoppelung des Konsonanten nach betontem kurzen Vokal (*Kanne*), aber nicht, wenn zwei Konsonanten folgen (*Mantel*). Wenden wir uns nun der Bezeichnung der Vokal*länge* zu!

1 Das Sternchen* steht hier und im Folgenden für ›ungrammatisch‹.

Verzeihung, sagte die Prophezeiung, ich hätte gerne mehr Meer

Oder: Bezeichnung der Länge

Während für die Bezeichnung der Kürze eines Vokals nur ein einziges Mittel (die Konsonantenverdoppelung) zur Verfügung steht, gibt es bei der Bezeichnung der Länge Alternativen: die Verdoppelung des Vokals, die Hinzufügung eines Vokals, der nicht gesprochen wird, und die Hinzufügung eines Konsonanten, der ebenfalls nicht gesprochen wird:

Moor – lieben – Mehl

Dies mag als schlechte Nachricht gelten, es gibt aber eine noch schlechtere. Die Länge eines Vokals wird im Deutschen nämlich oft überhaupt nicht angezeigt, wie die folgenden Beispiele veranschaulichen:

baden – leben – loben – rufen – mäkeln – stöbern – Rübe

In all diesen Fällen handelt es sich nicht um Ausnahmen (keine einsilbigen Wörter, keine Fremdwörter), sondern um sehr gebräuchliche Kandidaten. Man kann also zunächst festhalten, dass von den langen Vokalen *a, e, i, o, u* sowie den langen Umlauten *ä, ö, ü* einigermaßen regelmäßig nur das lange *i* besonders bezeichnet wird. Charakteristisch ist in seinem Fall das Dehnungs-*e*:

lieben

Dies erklärt sich aus der Sprachgeschichte. Noch im Mittelalter sprach man *lieben* nicht mit langem *i*, sondern mit Diphthong: *li-eben*. Als dieser Diphthong zum langen Vokal *i* wurde, hat man das eigentlich nun überflüssige *e* als Dehnungszeichen beibehalten (zumal verdoppeltes *i* im Gegensatz etwa zu verdoppeltem *a* kaum lesbar ist). Ursprünglich war seine Geltung sogar weiter als heute. Auch bei anderen Vokalen zeigte es die Länge an, wie wir an alten Städtenamen bis heute sehen können: bei *Soest* zum Beispiel.

Während das Dehnungs-*e* nach *i* also typisch wurde, bürgerte sich bei den anderen Vokalen eher das *h* als Dehnungszeichen ein, besonders wenn dem betonten langen Vokal ein *l*, *m*, *n* oder *r* (also ein Konsonant, der ›dauernd‹ klingt) folgt:

lahm – benehmen – hohl – Ruhm – Mähne – Höhle – Bühne

Das Gleiche gilt, wenn einem langen Vokal unmittelbar ein kurzer Vokal folgt. Auch dann zeigt das *h* die Länge an, wirkt aber zugleich als eine Art optisches Trennelement (nicht zuletzt dank seiner Oberlänge, die es zufälligerweise im Schriftbild besitzt). Dieses *h* wird also nicht wie etwa im Falle von *hier* oder *geheim* als Konsonant gesprochen (obwohl man dies ständig hört, weil Sprecher nicht nur fälschlicherweise schreiben, wie sie sprechen, sondern auch fälschlicherweise sprechen, was sie schreiben):

nahen – drohen – Truhe – fähig – Höhe – Kühe – fliehen – wiehern – ziehen – Vieh

Noch komplizierter ist dies beim Diphthong *ei*. Nach ihm steht das *h* in denjenigen Fällen, in denen es im mittelalterlichen Deutsch tatsächlich als Konsonant gesprochen wurde, heute allerdings (in Analogie zu *nahen* usf.) nicht mehr:

gedeihen – leihen – verzeihen – Geweih

Wo dies nicht der Fall war, gibt es auch heute kein *h*:

schreien – speien – prophezeien

Dies ist natürlich eine ausgesprochen komplizierte Situation. Woher soll ein heutiger Schreiber wissen, wo im Mittelalter das *h* gesprochen wurde und wo nicht? Trotzdem muss er *verzeihen* und *prophezeien* unterscheiden – einmal mit, einmal ohne *h*. Man kann natürlich sagen, dass in dieser Unterscheidung ein Stück Sprachgeschichte des Deutschen ›aufbewahrt‹ wird. Nur ist damit keinerlei Nuance im Bereich der Bedeutung betroffen. Die Reform hat es trotzdem beim Alten belassen und den Schreibern damit das Gedächtnis belastet. Von Vereinfachung kann jedenfalls nicht die Rede sein.

Etwas anderes ist es mit der dritten Alternative, der Bezeichnung der Länge durch die doppelte Schreibung des Vokals:

Aal, Haar, paar – Beere, Beet, See – Boot, Moor, Zoo

Diese Doppelschreibung als Markierungszeichen hängt historisch mit der Doppelschreibung der Konsonanten zusammen. Sie wurde von Anfang an genutzt, um eine Alternative bei den Homonymen (also gleichklingenden Wörtern mit verschiedener Bedeutung) zu haben, die gerade bei den Wörtern mit betonten langen Vokalen reichlich vorhanden sind. So stehen Beispiele mit Dehnungs-*h* und doppeltem Vokal nebeneinander:

Moor neben *Mohr* – *Meer* neben *mehr*

In anderen Fällen gibt es neben der Bezeichnung durch doppelten Vokal den einfachen Vokal (also fehlende Bezeichnung):

Waage neben *Wagen* – *Heer* neben *her*

In wieder anderen findet sich das Dehnungs-*h* neben unbezeichneter Version:

Mahl neben *Mal* – *Uhr* neben *Ur*(*mensch*)

Auch *ie* neben reinem *i* kommt vor:

Lied neben (*Augen*)*Lid* – *Stiel* neben *Stil* – *Miene* neben *Mine*

Auf diese Weise stehen die unterschiedlichen Möglichkeiten manchmal sehr eng nebeneinander, besonders beim langen *i*:

dir, mir, wir

neben

ihm, ihn, ihr

und

die, sie

In diesen Fällen entspricht *dir* ebenso der mittelalterlichen Schreibung wie *die,* wobei *dir* kurz und *die* noch als Diphthong gesprochen wurde. *Ihm* wurde im Mittelalter ebenfalls noch kurz gesprochen und entsprechend *im* geschrieben. Als die Silbe im Neuhochdeutschen lang wurde, empfahl sich das Dehnungs-*h* schon deshalb, um es von der Präposition *im* (etwa: *im Sommer*) zu unterscheiden.

Allerdings hat man auch gemutmaßt, dass die frühneuzeitlichen Schreiber mithilfe des *h* das Wortbild verlängern wollten, um die Lesefähigkeit zu unterstützen. Wirkliche Probleme entstehen trotz der Alternativen nicht, weil alle Wörter sehr häufig sind.

Anders ist dies bei den weiteren Entscheidungen. Bei der Umlautbildung verdoppelter Vokale schreibt man stets nur einfaches *ä* bzw. *ö*, also:

Säle (neben *Saal*) – *Bötchen* (neben *Boot*)

Noch größere Schwierigkeiten machen wieder einmal die Fremdwörter. Das lange *i* bleibt in ihnen (gemäß der Ausgangssprache) meist ohne Bezeichnung:

Geysir – Saphir – Souvenir – Vampir – Wesir

Die Ableitungssilbe *-ie, -ier, -ieren* wird dagegen mit *ie* geschrieben:

Manie – Manier – studieren

Trotzdem dürfte das größte Problem bei den deutschen bzw. eingedeutschten Wörtern liegen, die beim langen *i* überhaupt kein Dehnungszeichen aufweisen, und dies auch noch ohne den Grund der Homonymentrennung:

Biber (vgl. etwa *sieben*) – *Bibel* – *Krise* (vgl. etwa *Wiese*) – *Tiger* – *Primel* – *Fibel* – *Brise* – *Liter* – (*er*) *gibt*

Wenn man ein Fazit ziehen will, kann man nur sagen, dass es bei der Bezeichnung der Länge genauso aussieht wie bei der Bezeichnung der Kürze. Es gibt Regeln, aber auch zahlreiche Ausnahmen. Was im Laufe der Geschichte meist per Zufall oder ad hoc entstanden ist, wird auch heute noch weitergeschleppt. Die Reform hat in diesen Zustand nicht eingegriffen, sondern sich dem Gebrauch angeschlossen, auch in Fällen, in denen ein normal gebildeter Leser keine Chance hat, hinter diesem Gebrauch irgendeine Form von System zu sehen. Wie bei den kurzen Vokalen benötigen wir also auch bei den langen viel Gedächtnis. Eingegriffen hat die Reform lediglich auf einem Nebenschauplatz, nämlich bei der Schreibung der Umlaute sowie bei den Fremdwörtern. Nehmen wir uns zuerst die Umlaute vor.

Behände sprang die junge Gämse zu ihren Ältern, pardon: Eltern

Oder: Umlaute als Störenfriede unter den Vokalen

Bislang war die Rede von den einfachen Vokalen und Diphthongen. Es gibt im Deutschen daneben umgelautete Formen, und zwar zum kurzen *a, o, u,* zum langen *a, o, u* und zum stets langen *au*. Geschrieben werden diese Umlaute als *ä/e, ö, ü, äu/eu.* Auch dahinter steckt ein Stück Sprachgeschichte.

Als in althochdeutscher Zeit die Umlaute auftraten, waren die Schreibspezialisten in arger Verlegenheit, weil sie dafür im einzigen Alphabet, das ihnen zur Verfügung stand, keine Buchstaben vorfanden. Die Römer kannten keine Umlaute außer beim kurzen *a,* das sie als *e* schrieben. Die althochdeutschen Schreiber nahmen entsprechend für ihre deutschen Wörter dieses *e* als Bezeichnung des *a*-Umlauts. Alle anderen Umlaute blieben ohne Bezeichnung. Man schrieb für gesprochenes *ö* ein *o,* für gesprochenes *ü* ein *u* – bis offenbar der Druck so groß wurde, dass eine neue Lösung unausweichlich war. Sie lag darin, dass man den einfachen Vokalen ein *e* aufsetzte, bis schließlich die beiden Pünktchen aufkamen. Als dann weitere ehemalige *a*-Laute umgelautet wurden, erhielten auch sie die neue Umlautbezeichnung mit den Pünktchen, sodass das gesprochene *ä* teils als (altes) *e,* teils als (neues) *ä* geschrieben wurde. Damit müssen wir uns bis heute herumschlagen. Einmal heißt es also:

lästig (neben *Last*) – *kräftig* (neben *Kraft*) – *Ständer* (neben *Stand*) – *Kälber* (neben *Kalb*)

Dann:

setzen (neben *Schriftsatz*) – *Gesetz* (neben *Satzung*) – *brennen* (neben *brannte*) – *denken* (neben *dachte*)

In diesem Punkt hat die Reform die Idee verfolgt, die alten *e*-Schreibungen immer dann durch *ä* zu ersetzen, wenn der Umlautcharakter deutlich zutage tritt, wenn es also eine verwandte Form mit *a* gibt. Allerdings wurde diese Verwandtschaft weit gefasst. Nicht nur sprachhistorisch erwiesene Zusammenhänge kamen infrage, sondern auch bloße Anklänge, die man in der Wissenschaft als Volksetymologie bezeichnet. Tatsächliche Verwandtschaft liegt vor bei:

Gämse (nach *Gamsbock*) – *behände* (nach *Hand*) – *überschwänglich* (nach *Überschwang*) – *Stängel* (nach *Stange*) – *belämmert* (nach *Lamm*) – *Gräuel* (nach *Grauen*) – *Bändel* (nach *Band*) – *gräulich* (nach *Grauen,* aber nun nicht mehr unterscheidbar vom Farbadjektiv *gräulich*)

Volksetymologie liegt vor bei:

Quäntchen (nach *Quantum,* tatsächlich aber nach lateinisch *quintus,* mittellateinisch *quentinus* für das ›Fünftel‹) – *Tollpatsch* (nach *toll,* tatsächlich aber auf ungarisch *talpas* ›breitfüßig‹ als Neckname der dortigen Fußsoldaten beruhend)

Es ist klar, dass in diesem Punkt keine wirkliche Konsequenz zu erreichen ist. Versteckte Verwandtschaft findet sich allenthalben, doch stand eine Berücksichtigung so sehr dem Gebrauch entgegen, dass eine Art Zweiklassengesellschaft entstand: Bei weniger gängigen Wörtern wurde die Verwandtschaft oder ›Verwandtschaft‹ berücksichtigt, bei gängigen nicht. Der klassische Fall, wo man von einer Korrektur absah, war das Wort *Eltern*, das natürlich mit *alt* verwandt ist. Es ist relativ witzlos zu argumentieren, dass ›Eltern‹ nicht immer wirklich die ›Älteren‹ sein müssen, sodass tatsächlich *Eltern* und *Älteren* Verschiedenes bedeuten. Der Fall *Eltern* zeigt eben, dass Schreibweisen sprachhistorische Wurzeln haben, die nur um den Preis völliger Umstellung des Systems zu beseitigen sind – was aber niemand will. So werden nun einige Wörter mehr als früher nach ›Verwandtschaft‹ geschrieben, bei anderen (wie *Henne* trotz *Hahn*, *einwenden* trotz *Einwand*, *fertig* trotz *Fahrt* usf.) bleibt es zum Glück, wie es war. Man fühlt sich in diesem Fall an Konrad Duden erinnert, der u. a. die überflüssige *th*-Schreibung in vielen Wörtern rückgängig gemacht hat:

> *Theil* zu *Teil* – *Geräth* zu *Gerät* – *thun* zu *tun* – *Noth* zu *Not*

Aber beim Wort *Thron* beließ er es beim Alten, weil er – jedenfalls einer hübschen Anekdote zufolge – seinem Kaiser nicht zumuten wollte, dessen Thron schriftsprachlich ins Wanken zu bringen.

Dasselbe gilt nun für die *Eltern* oder auch für (ein Fähnchen) *schwenken* trotz *schwanken*. In zwei weiteren Fällen kann man sich aussuchen, wie man schreibt, weil es Vorbilder in beiden Richtungen gibt (empfohlen ist jeweils die alte Schreibweise!):

> *Schenke* oder *Schänke* (nach *ausschenken* oder *Ausschank*) – *aufwendig* oder *aufwändig* (nach *aufwenden* oder *Aufwand*)

Und schließlich der umgekehrte Fall:

Wechte (die Schneewehe) nach *wehen* (früher: *Wächte*)

Wo gleichklingende Wörter verschiedener Bedeutung vorliegen, bleibt es bei der unterschiedlichen Schreibweise:

die Äsche (eine Fischart) neben *die Esche* (ein Laubbaum) – *die Färse* (junge Kuh) neben *die Ferse* (Teil des Fußes) – *die Lärche* (Nadelbaum) neben *die Lerche* (Singvogel)

Genau wie bei der Alternative von *e/ä* gibt es ebenfalls ein Problem, wenn der Umlaut von *a* im Diphthong vorkommt: als Nebeneinander von *eu* und *äu*. Die Reform hat auch in diesen Fällen einige Wörter nach *äu* hin ausgeglichen, wenn sich entsprechende Verwandte bzw. ›Verwandte‹ ausmachen ließen:

Gräuel (nach *das Grauen*) – *verbläuen* (nach *blau*) – *schnäuzen* (nach *Schnauze*, tatsächlich aber auf mittelhochdeutsch *snûzen* beruhend)

Das Nebeneinander von *ei* und *ai* hat dagegen nichts mit dem Umlaut zu tun und wurde von der Reform auch nicht angerührt. Es bleibt also bei den alten Schreibweisen, was ganz praktisch ist, weil es einige klanggleiche Wörter mit unterschiedlicher Bedeutung gibt, die damit unterschieden werden können:

Bai (die Bucht) neben *Bei* (türkische Anrede) – *Laib* (das Brot) neben *Leib* (der Körper) – *Laich* (Fischeier) neben *Leiche* (toter Körper) – *Saite* (eines Musikinstruments) neben *Seite* (eines Buches) – *Waise* (Kind ohne Eltern) neben *der Weise* (der weise Mensch)

Ansonsten blieb das *ai* beibehalten, zumal es nicht übermäßig häufig vorkommt:

Hai – Laie – Hain – Lakai – Kai – Mai – Kaiser – Mais

Natürlich braucht man für all dies viel Gedächtnis. Die neue *Gämse* hat das Gedächtnis ein wenig entlastet, falls der Schreiber wirklich das Wort *Gams* kennt. Aber es gibt (natürlich) nicht die Regel, alle alten *a*-Umlaute statt mit *e* mit *ä* zu schreiben. Dies wäre allenfalls Sprachhistorikern zuzumuten gewesen. Ob es richtig war, auch Vulgäretymologien zuzulassen, ist eine ganz andere Frage. In diesem Fall wird ja (aus ›didaktischen‹ Gründen) sprachhistorisch direkt Falsches eingeschmuggelt. Soll Vereinfachung auch sprachhistorisch Gewachsenes beseitigen dürfen? Man kann sich vorstellen, wie sich Experten über solche Fragen erregen können. Halten wir uns mit einer Antwort zurück, zumal es noch viel dicker kommt. Noch war nämlich nicht oder nur ganz am Rande von den Fremdwörtern die Rede.

Der Butler brachte zur Polonaise den Babys Majonäse

Oder: Besonderheiten bei Fremdwörtern

Zunächst eine Vorbemerkung. Fremdwörter sind in allen Sprachen eine Zumutung, wenn es um die Schreibung geht. Dies hängt damit zusammen, dass jede Sprache ihr eigenes Lautsystem besitzt (also eine andere Auswahl aus den schier unerschöpflichen Möglichkeiten trifft, die mit unseren Artikulationswerkzeugen zustande zu bringen sind). Wenn fremdsprachliche Wörter übernommen werden, kommt es zu ganz verschiedenen Techniken der Einverleibung. Ein fremdsprachliches Wort kann zum Beispiel in seiner fremden Schreibung und Aussprache integriert werden. Dies setzt im Grunde ein Erlernen der Fremdsprache voraus, wie es in den folgenden Beispielen der Fall ist:

kurzes *a*:	*Butler, Make-up*
langes *a*:	*Eklat, Etat*
kurzer *a*-Umlaut:	*Action, Camping*
langer *a*-Umlaut:	*Airbus, Saison*
kurzes *e*:	*Abbé, Attaché*
langes *e*:	*Bankier, Filet*
kurzes *i*:	*Baby, City*
langes *i*:	*Beat, Evergreen*
kurzes *o*:	*Chaussee, Chauvinismus*
langes *o*:	*Niveau, Depot*

o-Umlaut:	*Milieu, Ingenieur*
kurzes *u*:	*souverän, Journalist*
langes *u*:	*Boom, Swimmingpool*
u-Umlaut:	*Analyse, Symbiose*
a + Nasal:	*Branche, Pendant, engagiert, Abonnement*
a-Umlaut + Nasal:	*Refrain, Teint, Bulletin*
o-Umlaut + Nasal:	*Parfum*
au:	*Couch, Clown*
ai:	*Lifetime, Copyright, Nylon*
eu:	*Boy, Boykott*
oa:	*Memoiren, Repertoire*

In anderen Fällen wird die Aussprache übernommen, die Schreibung aber der eigenen Sprache angepasst, etwa bei:

Streik (nach englisch *strike*) – *Büro* (nach französisch *bureau*) – *Möbel* (nach französisch *meuble*) – *Zirkus* (nach lateinisch *circus*)

In wieder anderen (seltenen) Fällen wird die Schreibung übernommen, aber der eigenen Aussprache angepasst, etwa bei:

Offizier (nach französisch *officier*) – *Bankett* (nach französisch *banket*) – *Detail* (nach französisch *détail*)

Diese Möglichkeiten hat nun die Reform aufgegriffen, wobei die Tendenz in Richtung Eindeutschung ging. Aber man hat sich dann doch allzu oft für Alternativen entschieden, wobei leider einmal die fremdsprachliche, das andere Mal die eigene Schreibweise empfohlen wird (die empfohlene Form immer an erster Stelle!):

kurzer *a*-Umlaut:	*Dränage/Drainage*
langer *a*-Umlaut:	*Polonaise/Polonäse*

langes *e*:	*Doublé/Dublee*
langes *o*:	*Soße/Sauce*
kurzes *u*:	*Nugat/Nougat*
langes *u*:	*Bravour/Bravur*

Bei Fremdwörtern aus dem Englischen, die auf *-y* enden und im Englischen den Plural *-ies* haben, gilt die Regel: Sie sollen jetzt im Plural mit *-s* geschrieben werden. Damit werden sie also im Singular fremdsprachlich geschrieben, dagegen im Plural (halb) eingedeutscht:

Baby/Babys – Lady/Ladys

Dies ist bei der Schreibung der Vokale der einzige Eingriff. Wir werden sehen, dass er bei der Schreibung der Konsonanten wesentlich größer ausfällt. Wenden wir uns jedoch zunächst der Schreibung der Konsonanten insgesamt zu. Da es in diesem Fall keine Längen und Kürzen gibt, kann *eine* Schwierigkeit schon einmal nicht auftauchen. Aber es gibt andere Probleme.

Ein hübsches Lob im Herbst ist immer preiswert

Oder: Auslautverhärtung bei den Konsonanten

Zu den Problemen zählt das (schon kurz erwähnte) Phänomen, das man Auslautverhärtung nennt. Gerät ein stimmhafter Konsonant (etwa *b, d, g*) in den Auslaut eines Wortes oder vor einen weiteren Konsonanten, wird er stimmlos gesprochen (*p, t, k*). Genau dies schreiben wir aber nicht, weil sonst die Einheitlichkeit des Wortbildes gestört würde – die berühmte Schemakonstanz. Es stehen also nebeneinander:

> *loben* (mit stimmhaftem *b*) – *Lob* (mit stimmlosem *p* im Auslaut) – *löblich* (mit stimmlosem *p* vor weiterem Konsonant)

Wenn man nicht weiß, ob man es mit Auslautverhärtung zu tun hat oder mit einem stimmlosen Konsonanten bereits in der Wurzel des Wortes, kann man die Probe machen, indem man das Wort dekliniert, konjugiert oder auf andere Weise nach Verwandtschaft Ausschau hält. So liegt in den folgenden Fällen (nicht im Schriftbild bezeichnete) Auslautverhärtung vor:

> *trüb, eingetrübt* (vgl. *trüben*) – *Rad, Raddampfer* (vgl. *radeln*) – *absurd* (vgl. *Absurditäten*) – *Sieg, siegreich* (vgl. *besiegen*) – *gläubig* (vgl. *gläubige*) – *Preis, preiswert* (vgl. *Preise*)

Nicht immer führt der Test freilich zum gewünschten Ergebnis. In den folgenden Beispielen wird stimmhafter (für gesprochenen stimmlosen) Konsonant geschrieben, obwohl es keine verwandte Form mit dieser Variante gibt:

Herbst – hübsch – jeglich – Lebkuchen – Obst – Rebhuhn

Das Gleiche gilt bei so wichtigen (kleinen) Wörtern wie:

ob – ab – und – (sie) sind

Ableitbar sind dagegen Fälle wie:

gläubig – wenig

Hierbei sind allerdings zwei verschiedene Aussprachemöglichkeiten vorgesehen, die süddeutsche mit Auslautverhärtung (*-ik*) sowie die norddeutsche mit *ich*-Laut (*-ich*). In beiden Fällen gibt es ja die erweiterte Form mit *g*:

Gläubige – wenige

Die Schreibung mit *ch* steht immer dann, wenn es auch Erweiterungen mit *ch* gibt:

unglaublich, unglaubliche – weißlich, weißliche

An diesen Verhältnissen hat die Reform nicht gerüttelt.

Genussvoll ließ die Maus die Maß durch die Kehle laufen

Oder: Die *s*-Laute

Einen schwerwiegenden Eingriff hat sie dagegen bei der Schreibung der *s*-Laute vorgenommen. Dabei handelt es sich um ein altes Kampffeld der Rechtschreibreform mit äußerst verzwickten Voraussetzungen. Und zwar geht es um die Schreibung des sogenannten scharfen *s*, also der stimmlosen Variante neben der harmlosen stimmhaften. Dazu eine historische Rückblende.

Die Form unserer heutigen Buchstaben geht im Prinzip auf die humanistische Tradition zu Beginn der Neuzeit zurück. Damals orientierte man sich an der Schrift der Antike, die unter dem Sammeltitel der Antiqua mancherlei spezielle Ausprägungen vereinigte. Nur Deutschland scherte damals aus und behielt die mittelalterliche ›gotische‹ Schrift bei, die wegen ihrer ›gebrochenen‹ Buchstaben als Fraktur ebenfalls eine ganze Reihe von speziellen Ausformungen umschloss. Während der Aufklärung setzten sich einige deutsche Autoren vehement für die Antiqua ein, aber die Vorstöße blieben stecken. Was vor allem Luther in seiner ungeheuer verbreiteten Bibelübersetzung als ›deutsche‹ Schrift durchgesetzt hatte, hielt allen Angriffen stand. Im Reichstag scheiterten im 19. Jahrhundert sämtliche Reformvorhaben. Die Wende brachte ausgerechnet Hitler. Per Führerbefehl (und unter ausdrücklicher Verschweigung dieser Herkunft) wurde im Januar 1941 die Frakturschrift abgeschafft und durch die international gebräuchliche Antiqua ersetzt – man wollte damals offenbar ›modern‹ sein.

In der Frakturschrift aber war das *s* durch zwei Varianten vertreten. Im In- und Anlaut (*also, sehr*) stand das geschweifte *s* (mit Ober- und Unterlänge), im Auslaut oder vor weiterem Konsonant (*das, Weisheit*) das einfache runde *s*. Wo nun zur Bezeichnung der Kürze eines vorangehenden Vokals Doppelschreibung zustande kam, ergab sich eine Kombination der beiden Formen, aus der das *ß* entstand. All dies galt natürlich nur für die Frakturschrift, woraus sich erklärt, dass dieses *ß* im internationalen Gebrauch unbekannt blieb (und auf den Tastaturen von Schreibmaschinen bzw. später Computern fehlte). In allen Reformbewegungen des 20. Jahrhunderts wurde entsprechend überlegt, das *ß* aufzugeben, zumal es in *einem* deutschsprachigen Land, der Schweiz, seit 1934 amtlich abgeschafft worden war (nach Einführung französischer Schreibmaschinen, die Ersetzung der Fraktur durch Antiqua lag in dem mehrsprachigen Land schon länger zurück). Die jetzt gültige Regelung hat das *ß* jedoch nicht beseitigt, also vollständig durch *ss* ersetzt, sondern beide Varianten zur Bezeichnung des stimmlosen *s* vorgesehen. Nur änderte sich die Verteilung: Das *ß* steht nun nach langen Vokalen oder Diphthongen (1), sofern im Wortstamm kein weiterer Konsonant folgt (2), das *ss* nach kurzen (3):

(1) *Maß/maßlos, Strauß/Sträuße*
(2) *Kloster, raspeln* (dagegen mit nachfolgendem Konsonanten außerhalb des Wortstamms: *größter, müsste*)
(3) *Nuss/Nüsse, Ross/Rösser*

Daneben gab und gibt es als dritte Möglichkeit zur Bezeichnung der Kürze auch das einfache *s*, und zwar dann, wenn ein Wort auf scharfes *s* endet, das sich der Auslautverhärtung verdankt:

> *Preis* (neben *Preise*) – *Maus* (neben *Mäuse*) – *Los* (neben *Lose*)

Schließlich gab und gibt es das einfache *s* auch sonst, und zwar bei Einsilblern wie dem Artikel *das*, *des* (neben *dessen*) sowie bei der Präposition *aus*. Auch das Relativpronomen *das* hat das einfache *s*, während die Konjunktion *dass* das doppelte erhält.

Man kann zweifellos sagen, dass keine andere Regelung der Reform das Schriftbild so stark beeinflusst hat wie diese. Jeder, der sich rasch vergewissern will, ob ein Text in alter oder neuer Rechtschreibung verfasst ist, tut gut daran, nach *ss* bzw. *ß* Ausschau zu halten, am besten in der Form der Konjunktion *daß/dass*. Wie kann man diesen Eingriff beurteilen?

Zunächst einmal war es wichtig, dass ein lange ernsthaft diskutierter Vorschlag abgelehnt wurde: nämlich der Zusammenfall der Konjunktion *dass* mit dem Relativpronomen *das* in einem einheitlichen *das* (wie es der etymologischen Herkunft durchaus entspricht und noch von Luther so verwendet wurde: *Vnd Gott sahe das es gut war*). Damit wäre tatsächlich einer der häufigsten Fehler, den Schüler machen, nicht mehr möglich gewesen. Man sieht aber an diesem Beispiel auch sehr deutlich, welchen Preis man zahlt, wenn man zu sehr auf die Bedürfnisse des Schreibers bzw. auf Vereinfachung achtet. Beim Lesen hätte man jedes Mal überlegen müssen, um welche grammatische Funktion es sich handelt – eine mehr als unpraktische Lösung.

Wie aber ist die Erhaltung des *ß* zu bewerten? Natürlich sprach viel für die Abschaffung, insbesondere der internationale Vergleich. Andererseits verwenden auch unsere Nachbarsprachen ihre eigenen Buchstaben, man denke an die französischen Akzente oder die Bezeichnung der Umlaute etwa im Dänischen. Im Falle des *ß* gibt es jedoch nicht nur das Argument der Tradition. Wir haben im Deutschen vielmehr eine Reihe von Wörtern, die sich nur durch Länge oder Kürze des Vokals unterscheiden, was mit dem Mittel der *ss*/*ß*-Schreibung gut markiert werden kann. Das schönste Beispiel lautet:

Er trinkt Alkohol in Massen.
Er trinkt Alkohol in Maßen.

Schweizer können tatsächlich in diesem Fall nicht und gelegentlich nicht einmal über den Kontext unterscheiden, ob sie es mit einem Alkoholiker zu tun haben oder nicht (man denke an ein ärztliches Attest, in dem steht, dass der Patient Alkohol *in Massen* konsumiert).

Aber es gibt auch einen Nachteil. Besonders in Endstellung oder in Zusammensetzungen ist das *ss* schlecht, jedenfalls schlechter zu lesen als das *ß*. Das *ß* hatte eben eine ausgesprochene Signalfunktion. Man sieht es sehr schön an Beispielen wie:

Genuss (vgl. *Genuß*) – *Messergebnis* (vgl. *Meßergebnis*)

Auch das Nachfolgeproblem des Zusammenstoßes von drei *s* hat es früher nicht gegeben:

Messstab (vgl. *Meßstab*)

Schließlich muss nun gegen die sonst so hoch geschätzte Schemakonstanz verstoßen werden:

fließen und (*es*) *floss* – *genießen* und (*der*) *Genuss*

Wenn man die Lesefähigkeit in den Vordergrund stellt, ist der Preis der Neuregelung relativ hoch. Dem steht die größere Klarheit der Regelung gegenüber. Unterm Strich sind Vor- und Nachteile vielleicht ausgeglichen.

Bei der Bearbeitung der Korrekturfahnen dieses Buches trifft die Nachricht ein, dass ein altes Problem der *ß*-Schreibung gelöst ist: Es kommt das große Eszett als neuer Buchstabe (statt der früheren Schreibung mit *SS*: *STRASSE*). In den ersten Entwürfen sieht er noch etwas zerknittert aus, ähnelt einem alten Schlüsselloch oder einem zu zackig geratenen *B*. Natürlich muss dieses große Eszett für jeden Schrifttyp von Arial bis Times New Roman eigens entworfen werden. Sogar die Tastaturen sollen sich ändern, indem das *ß* von seiner jetzigen Kombination mit dem *?* gelöst wird. In diesem Fall steckt übrigens nicht die Rechtschreibreform hinter der Neuerung, sondern das Deutsche Institut für Normierung (DIN). Fügen wir uns auch in dieses Schicksal!

Der Vater ergreift die Initiative und kauft einen schlaksigen Lachs

Oder: Eine Reihe von Besonderheiten

Nicht eingegriffen hat die Reform in einige Besonderheiten bei der Wiedergabe der Konsonanten. Erstens geht es um *sch* am Anfang des Wortstammes vor folgendem *p* oder *t*. In diesen Fällen schreibt man *s* statt *sch*:

spielen – Stunde

Zweitens schreibt man für *ng* vor *k* oder *g* im Wortstamm *n* statt *ng*:

Bank – Singular

Drittens schreibt man für den *f*-Laut *v* in *ver-* sowie am Anfang einiger weiterer Wörter:

verraten – Vater – viel – voll

Dazu gehören auch die beiden Sonderfälle mit *v*-Schreibung:

Nerv – Frevel

Schließlich schreibt man für den *w*-Laut in Fremdwörtern regelmäßig *v* statt *w*:

privat – Revolution – Aktivität – Initiative

Viertens schreibt man für die Lautverbindung *ks* in einigen Wortstämmen ausnahmsweise *chs* bzw. *ks* statt *x*:

Achse – Lachs – Keks – schlaksig

Fazit: Keine Änderung, kein Problem.

Das Mannequin studiert Philosophie, der Delphin Geografie

Oder: Wieder einmal diese Fremdwörter

Eingegriffen hat die Reform dagegen wieder einmal bei den Fremdwörtern. Die Devise war, Fremdwörter der deutschen Verschriftung anzugleichen, wenn die Eingliederung ins Deutsche besonders weit fortgeschritten ist. Ansonsten bleibt es bei der fremdsprachlichen Schreibweise. Nur ist dieses Kriterium ziemlich weich und die Verwirrung aufgrund der jeweiligen Entscheidungen entsprechend groß.

Zunächst also eine Liste für Laut-Buchstaben-Zuordnungen, bei denen die Fremdsprache erhalten bleibt:

f-Laut:	*Atmosphäre, Philosophie*
k-Laut:	*Clown, Crew – Chaos, Charakter – Mannequin, Queue*
r-Laut:	*Rhapsodie, Rhesusfaktor – Dessert, Ressort*
s-Laut:	*Annonce, Service*
sch-Laut:	*Chance, Chef – Shorts, Shop*
j-Laut:	*Genie, Blamage – Jalousie, Journalist*
t-Laut:	*Ethos, Mathematik*
v-Laut:	*zivil, Virus*
dj-Laut:	*Gentleman, Manager – Jazz, Jeans*
lj-Laut:	*Billard, Taille*
nj-Laut:	*Champagner, Kampagne*

ts-Laut:	*Celsius, Cellophan – Nation, Aktie*
tsch-Laut:	*Cello, Cembalo – Chip, Ranch – College – Bridge*

Nebeneinander stehen dagegen (erste Form immer empfohlen!):

f-Laut:	*Foto/Photo – Phono/Fono – quadrofon/quadrophon – Geografie/Geographie – Orthografie/Orthographie – Megafon/Megaphon – Delfin/Delphin*
g-Laut:	*Getto/Ghetto – Joghurt/Jogurt – Spaghetti/Spagetti*
j-Laut:	*Jacht/Yacht – Yoga/Joga – Mayonnaise/Majonäse*
k-Laut:	*Kalzit/Calcit – Karitas/Caritas – Code/Kode, codieren/kodieren – circa/zirka – Bukett/Bouquet – Kommuniqué/Kommunikee*
r-Laut:	*Katarrh/Katarr – Myrrhe/Myrre*
s-Laut:	*Facette/Fassette – Necessaire/Nessessär – Soße/Sauce*
sch-Laut:	*Chicorée/Schikoree – Sketch/Sketsch*
t-Laut:	*Panther/Panter – Thunfisch/Tunfisch*
ts-Laut:	*Azetat/Acetat – Kalzit/Calcit – Penizillin/Penicillin – circa/zirka – preziös/pretiös, Preziosen/Pretiosen – potenziell/potentiell – substanziell/substantiell*

Und zum Schluss noch ein Einzelfall:

Portemonnaie oder: *Portmonee*

Man kann nur sagen, dass die Reform in diesem Punkt erhebliche Verwirrung gestiftet hat. Die alte *ph*-Schreibung, die noch den griechischen Ursprung festhält (mit behauchten Verschlusslauten), wird nach Kriterien beibehalten bzw. durch ›verdeutschte‹ *f*-Schreibung ersetzt, die niemand nachvollziehen kann. (Durchgehaltene) *Philosophie* steht neben (erlaubter) *Geografie*, in *Orthografie* wird der behauchte *t*-Laut verteidigt, der behauchte *p*-Laut dagegen zur Disposition gestellt. Vielleicht noch problematischer das empfohlene *Foto-* (bei alternativem *Photo-*) neben dem empfohlenen *Phono-* (bei alternativem *Fono-*). Das gleiche Bild zeigt sich in all den anderen Fällen. Niemand kann wissen, was jeweils der letzte Stand des Üblichen ist, wo Großzügigkeit vorgesehen ist und wo nicht. Im Übrigen: Wenn schon Öffnung zur Angleichung ans Deutsche hin, dann bleibt rätselhaft, weshalb die Empfehlung in Richtung der Tradition geht. Wenn *Jogurt* möglich sein soll, klingt die Empfehlung *Joghurt* wie eine Misstrauenserklärung gegenüber der eigenen Neuerung.

Außerdem hat sich bei den Reformen des vergangenen Jahrhunderts gezeigt, dass die jeweiligen Benutzer für Alternativen wenig Verständnis zeigten. Immer folgte die Forderung nach Entscheidung, um eine ständige, ja geradezu systematische Verunsicherung zu vermeiden. Schon der erste Duden von 1901 mit seiner ›liberalen‹ Handhabung von Alternativen wurde zwei Jahre später durch den berühmten Buchdrucker-Duden ersetzt, in dem die Alternativen beseitigt waren. Man muss auch jetzt nachfolgende Festlegungen erwarten und kann nur hoffen, dass sich nicht Fall-für-Fall-Entscheidungen durchsetzen, sondern eine klare Tendenz herauskommt. Wer sich dann für *Geografie* einsetzt, sollte auch *Filosofie* verlangen (wie im Italienischen und Spanischen). Wer *Philosophie* will, sollte auch *Geographie* verteidigen (wie im Französischen und Englischen).

Voller Rohheit zerfetzte der Seeelefant das Betttuch

Oder: Letzte Feinheiten

Wenn ein Wort auf Doppelbuchstaben endet und in einer Zusammensetzung mit einem weiteren Wort dieses mit dem gleichen Buchstaben beginnt, hat man früher in der Regel nur zwei Buchstaben geschrieben (bei Vokalen allerdings: *See-Elefant*). Dies ist nun rückgängig gemacht, die Reform fordert also drei Buchstaben, um keine Sonderregel einführen zu müssen. Damit hat sich übrigens schon Konrad Duden herumgeschlagen. Zu seiner Zeit schrieben die Bayern *Betttuch,* die Preußen *Bettuch.* Allerdings kannten auch die Bayern Ausnahmen, darunter interessanterweise *Brennessel* und *Schiffahrt* (neben *Mittag*). Wir schließen uns heute wieder den Bayern an, allerdings gibt es auch die Möglichkeit, mit Bindestrich zu schreiben:

> *Betttuch* neben *Bett-Tuch* – *Stofffetzen* neben *Stoff-Fetzen* – *Schifffahrt* neben *Schiff-Fahrt* – *Seeelefant* neben *See-Elefant*

Nur ist der Bindestrich nicht immer Hilfe in der Not. Zusammensetzungen mit *Schifffahrt* bleiben ohne Bindestrich, wenn dieser zu Irritationen führen würde:

> **Binnenschiff-Fahrt* – **Dampfschiff-Fahrt* –
> **Schiff-Fahrtsgesellschaft* – **Schiff-Fahrtskunde* –

**Schiff-Fahrtslinie – *Schiff-Fahrtsrecht – *Schiff-Fahrtsstraße – *Schiff-Fahrtsweg*

Zweiter Punkt: Die Erhaltung des *h* aus dem Stammwort. Bei der Endung *-heit* bleibt auch das *h* des Stammwortes erhalten:

Rohheit (statt *Roheit*) – *Zähheit* (statt *Zäheit*)

Nach dem gleichen Prinzip (der Erhaltung des Stammworts) sind die nachstehenden Wörter wie folgt zu schreiben:

Zierrat (statt *Zierat*) – *selbstständig* (statt *selbständig*, das aber als Alternative erhalten bleibt)

Dritter Punkt: Altes *rauh* wird (wie *blau, grau, schlau*) *rau* geschrieben, weil das *h* nicht mehr gesprochen bzw. die Verwandtschaft mit *Rauch, Rauchwerk* (Kürschnerhandwerk) usf. nicht mehr erkannt wird. Das kann man durchaus nachvollziehen, wenn man nicht bei *verzeihen/prophezeien* anders entschieden hätte (s. S. 31). Damit heißt es übrigens wie früher:

Rauheit (also nicht *Rauhheit*)

Vierter und letzter Punkt: Von Fremdwörtern auf *-enz* oder *-anz* abgeleitete Adjektive können jetzt ebenfalls mit *-enz* oder *-anz* geschrieben werden:

essenziell (wegen *Essenz*) neben *essentiell* – *Differenzial* (wegen *Differenz*) neben *Differential* – *differenziell* (wegen *Differenz*) neben *differentiell* – *Potenzial* (wegen *Potenz*) neben *Potential* – *potenziell* (wegen *Potenz*) neben *potentiell* – *substanziell* (wegen *Substanz*) neben *substantiell*

Um die Probleme der Zuordnung von Buchstaben zu Lauten abschließend zu beurteilen, sei noch ein Hinweis hinzugefügt. Die Reform ist angetreten, um zu vereinfachen und damit die Lernbarkeit zu stützen. Es gibt mittlerweile zahlreiche Stellungnahmen insbesondere von Lehrern, die sich in diesem Punkt scharf kritisch geäußert haben. Die Fehlerquote – so das Urteil – sei nicht zurückgegangen, im Gegenteil. Diese Urteile muss man ernst nehmen, auch wenn es unzulässig ist, einzelne Beobachtungen zu verallgemeinern. Keine Reform hätte die Schwierigkeiten völlig beseitigen können. Aber eine klarere ›Linie‹ wäre möglich gewesen. Nun bleibt nur übrig, die ›Tendenz‹ zur Kenntnis zu nehmen und sich (wie lange noch?) auf die Schwankungen bei ihrer Anwendung einzustellen.

Ein schwerbeschädigter Großraumbürohengst ist Hauptperson im Kuschelthriller

Oder: Über die Zusammensetzung von Wörtern

Vielleicht die größte Errungenschaft in der Rechtschreibung war die Idee, die einzelnen Wörter im Satz voneinander abzutrennen. In der mündlichen Rede ist dies nicht nötig, es entstehen nicht die geringsten Schwierigkeiten. Bei der Verschriftung ist die Aneinanderreihung von Wörtern ohne Zwischenraum eine arge Herausforderung, wie antike lateinische Texte belegen:

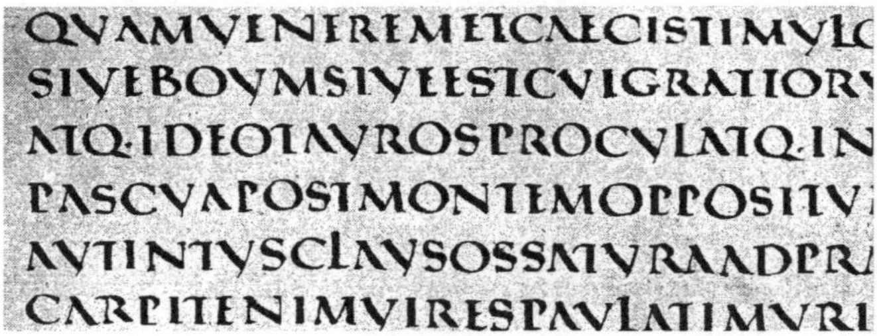
QVAMVENEREMETCAECISTIMVLO
SIVEBOVMSIVEESTCVIGRATIORV
ATQ·IDEOTAVROSPROCVLATQ·IN
PASCVAPOSTMONTEMOPPOSITV
AVTINTVSCLAVSOSSATVRAADPRA
CARPITENIMVIRESPAVLATIMVRI

Diesen Nachteil hat man früh bemerkt und durch Getrenntschreibung ausgeglichen. Nur stellte sich damit ein anderes Problem: Was genau ist ein Wort? Ist *abschreiben* ein einziges Wort oder handelt es sich um zwei: *ab* plus *schreiben,* weil beides schließlich auch getrennt vorkommt? Die Antwort war von Anfang an nicht einfach. Man schrieb zum Beispiel im mittelalterlichen Deutsch noch *pistu* (bist du) oder *dazz* (dass es), was heute höchstens wieder beim Chatten oder in E-Mails vorkommt als *kannste* (*mal*). Aber die Tendenz ging in Richtung Getrenntschreibung. Noch Goethe schrieb (bei einigem Schwanken) *hinab gehen, wieder sehen, mit einander, in so fern* usf. Dabei stützte er sich auf seinen damaligen Gewährsmann, den Sprachexperten Johann Christoph Adelung, der die Devise ausgegeben hatte, im Zweifel auf jeden Fall getrennt zu schreiben, weil Zusammenschreibung nicht den geringsten Nutzen bringe.

Erst im 19. Jahrhundert setzte sich die andere Tendenz durch: Wörter zusammenzuschreiben, wenn sie neue Bedeutungen bilden (die Tendenz zur ›Lexikalisierung‹ von Syntagmen, wie man in der Sprachwissenschaft sagt). Diese Tendenz zeigt sich auch in unseren Nachbarsprachen wie etwa dem Englischen mit Wörtern wie *handbag, handball, handbook* usf. Aber das Englische benutzt daneben noch viel mehr Wortgruppen wie *staff meeting* (für *Belegschaftsversammlung*) oder *proof of friendship* (für *Freundschaftsbeweis*). Marc Twain, der die deutsche Sprache während seines Heidelberger Aufenthalts kennenlernte und eine berühmte kleine Satire darüber schrieb (mit dem wenig schmeichelhaften Titel *Die schreckliche deutsche Sprache*), hat angesichts der deutschen Substantivzusammensetzungen witzigerweise von »alphabetischen Prozessionen« gesprochen und sich dabei auf Beispiele wie *Freundschaftsbezeigungen, Dilettantenaufdringlichkeiten* oder *Stadtverordnetenversammlung* berufen. Aber das Deutsche ist nun einmal anfällig oder auch gut geeignet für solche Zusammensetzungen, die ja auch ihre praktische Seite haben. Und dies gibt es nicht nur für das Bürokratendeutsch, an das Marc Twain offenbar dachte. Jeder Feuilletonist beherrscht heute die Kunst der Zusammensetzung, besonders der neuen, nie gehörten Zusammensetzung. Ein einziger Blick in eine Zeitung (wer es genauer wissen will, dem sei die Internet-Rubrik des Computerlinguisten Lothar Lemnitzer, »Die Wortwarte«, empfohlen) fördert zutage:

Großraumbürohengst – Medientätowierer – Motivationsbombe – Kuschelthriller – Patchworkwirklichkeit – Lehrplanvordenker

Das Beste daran aber ist: Bei der Verschriftung gibt es kaum Probleme – solange wir es mit Substantivzusammensetzungen (genauer: mit Substantiven als letztem Glied) zu tun haben.

Ganz anders bei den Verben (als zweitem Bestandteil)! Bei ihnen ist zwischen einem neuen (bzw. eigenen) Wort und einer bloßen Wortgruppe oft schwer zu unterscheiden. Wenn Goethe *wieder sehen* schrieb, konnte er damit meinen:

Ich kann wieder sehen.

Oder:

Ich will dich wiedersehen.

Dasselbe gilt für Verbindungen mit Adjektiven oder als Adjektive gebrauchte Partizipien. Locker gehört zum Beispiel die folgende Gruppe zusammen:

schwer beschädigt

Ich spreche davon, dass etwas beschädigt ist, und zwar nicht leicht, sondern schwer. *Schwer* ist also eine nähere Bestimmung zu *beschädigt*. Etwas anderes ist es, wenn ich die beiden Wörter zusammensetze zu:

schwerbeschädigt

Jetzt ist eine neue Gesamtbedeutung entstanden. Jeder weiß, dass Schwerbeschädigte besonderen Schutz genießen. Ich kann jetzt formulieren:

Er muss unbedingt einen Sitzplatz erhalten, denn er ist schwerbeschädigt.

Das ist etwas anderes, als wenn ich sage:

Das Auto kann nicht mehr gefahren werden. Es ist schwer beschädigt.

Interessanterweise hat die Reform zunächst diese Probleme bei ihrem ersten Anlauf damit lösen wollen, dass sie wieder wie im 18. Jahrhundert mehr Getrenntschreibung verlangte. Vorsilbe plus Verb zusammen, also *nachlaufen*, aber zum Beispiel steigerbares Adjektiv und Verb getrennt, also stets *schwer beschädigt*. Nur zeigte sich, dass auf diese Weise unterschiedliche Bedeutungen nicht mehr durch die Schreibweise auseinandergehalten werden können. Die Kritiker sprachen von Verarmung, wenn nicht Raub am deutschen Wortschatz, was übertrieben ist, weil Bedeutungen nie allein von ihrer Verschriftung abhängen (sonst hätte man Goethe nie verstehen können). Aber die Lesefähigkeit stärkt es schon, wenn verschiedene Bedeutungen verschieden geschrieben werden (siehe die Homonymentrennung). Also kam die Kehrtwende und damit das bewährte Argument der Betonung zurück. Nur löst dies keineswegs alle Probleme. Und sie werden zweifellos noch weiter dadurch verkompliziert, dass bei der Entscheidung Alternativen eingeräumt werden. Versuchen wir, einen Durchblick zu gewinnen.

Niemand maßregelt dich, wenn du brustschwimmst

Oder: Untrennbare Zusammensetzungen bei Verben

Die erste Frage lautete: Wann schreibt man Verben mit Bestandteilen anderer Wortarten auf jeden Fall zusammen? Antwort: Wenn sich untrennbare Einheiten bilden:

Ich maßregele ihn.
Sie hat mich gemaßregelt.

In diesem Fall kann man ja nicht – mit Trennung der Bestandteile – sagen:

**Ich regele ihn maß.*

Zusammensetzungen von Substantiven und Verben dieser Art sind nicht selten:

brandmarken – handhaben – lobpreisen – ohrfeigen – schlussfolgern

Einige dieser Verben können allerdings als Zusammensetzung *oder* Wortgruppe benutzt werden, zum Beispiel:

gewährleisten / Gewähr leisten

Man kann also schreiben:

Er will in Zukunft gewährleisten / Gewähr leisten, dass nur gute Arbeit den Betrieb verlässt.

Aber nur:

Er gewährleistet gute Arbeit.
Er leistet mit seiner guten Arbeit Gewähr (nicht: **gewähr*).

Bei *gewährleisten* gibt es einen einzigen Wortton, das Verb wird entsprechend als Einheit empfunden, bei *Gewähr leisten* gibt es zweimal einen Wortton (jeweils auf *Gewähr* und auf *leisten*), die Verbindung wird als Wortgruppe empfunden. Hier ist also dem Sprachgefühl ein Spielraum, nicht einfach eine Alternative eingeräumt. Dafür gibt es nun weitere Beispiele, bei denen das Sprachgefühl nicht immer in gleicher Weise urteilen dürfte. Man kann also schreiben (mit Empfehlung jeweils der erstgenannten Variante):

Wer staubsaugt / Staub saugt, kommt ins Schwitzen.
Er saugt nicht gerne Staub (nicht: **staub*).
Wer lieber brustschwimmt / Brust schwimmt, darf dies tun.
Sie schwimmt um ihr Leben gern Brust (nicht: **brust*).
Wer marathonläuft / Marathon läuft, muss sich lange vorbereiten.
Er läuft morgen Marathon (nicht: **marathon*)

Wie mit Substantiven gibt es ebenfalls untrennbare Zusammensetzungen von Verben mit Wörtern anderer Wortarten. So verbinden sich auch Adjektive mit Verben unter dem gemeinsamen Dach eines einheitlichen Wortakzents:

frohlocken: *er frohlockt* (vgl. **er lockt froh*) – *langweilen* – *vollenden* – *weissagen*

Etwas komplizierter sind Zusammensetzungen aus Präpositionen oder Adverbien und Verb, sofern jeweils das Verb (also der zweite Bestandteil) betont ist:

durchbrechen – übersetzen – wiederholen – widersprechen

Man sagt ja:

Er durchbricht alle Regeln.
Er übersetzt ein Buch.

Bei Betonung auf dem ersten Bestandteil ergeben sich dagegen trennbare Zusammensetzungen:

Er bricht den Apfel durch.
Er setzt über den Fluss.

Bleibt als Ergebnis festzuhalten, dass Verben, die untrennbare Einheiten bilden, zusammengeschrieben werden. Allerdings sind es bei diesen ›untrennbaren‹ Einheiten gerade die trennbaren Varianten, die Schwierigkeiten machen (womit sich die Frage stellt, ob überhaupt das Kriterium der Trennbarkeit/Untrennbarkeit sinnvoll ist). Zu lernen wären einzig die Fälle von *brustschwimmen* und *marathonlaufen* mit ihren nun erlaubten Varianten *Brust schwimmen* und *Marathon laufen* (*staubsaugen* gab es immer schon neben *Staub saugen*). Die Getrenntschreibung entspräche eigentlich der Tendenz der Reform, aber man hat sie wie so häufig nur erlaubt, nicht empfohlen (um nicht zu sagen: die Kehrtwende zum Gewohnten vollzogen, ohne völlig das Gesicht verlieren zu wollen).

Wer seine Großmutter feilbietet, wird auch sonst dem Anstand zuwiderhandeln

Oder: Zusammensetzungen von Verben mit Partikeln und Adverbien als erstem Bestandteil

Zusammensetzungen von Verben mit Zusätzen, die stets trennbare Einheiten bilden, sind zunächst einmal viel häufiger:

Er schreibt aus einem Buch ab.

Diese Trennung ist für die deutsche Sprache geradezu typisch und viel geschmäht worden, besonders wieder einmal von Marc Twain, und zwar mit dem folgenden Horrorsatz:

Da die Koffer nun bereit waren, reiste er, nachdem er seine Mutter und Schwestern geküsst und noch einmal sein angebetetes Gretchen an den Busen gedrückt hatte, die, in schlichten weißen Musselin gekleidet, mit einer einzigen Teerose in den weiten Wellen ihres üppigen braunen Haares, kraftlos die Stufen herabgewankt war, noch bleich von der Angst und Aufregung des vergangenen Abends, aber voller Sehnsucht, ihren armen schmerzenden Kopf noch einmal an die Brust dessen zu legen, den sie inniger liebte als ihr Leben, ab.

Nur ist diese Art von Horror gut vermeidbar mit etwas stilistischem Fingerspitzengefühl. Schwierig wird es dagegen, wenn es um Getrennt- und Zusammenschreibung geht. Die Regel lautet nun, Verbzusätze mit Verben zusammenzuschreiben. Aber was sind Verbzusätze? Dazu gehören zunächst einmal Partikeln, die formgleich mit Präpositionen sind:

ab-, an-, auf-, ausnehmen
voran-, entgegen-, nachgehen
unter-, zuwider-, zwischenhandeln

Das Gleiche gilt für Partikeln, die formgleich mit Adverbien sind:

abwärts-, auseinander-, herbeiführen – voraus-, vorbei-, wiedersehen – umher-, zusammensitzen

Weiter gilt Zusammenschreibung für Wörter bzw. Wendungen, die nicht (mehr) selbstständig vorkommen:

abhandenkommen – anheimfallen – überhandnehmen

Und schließlich für Wörter, die in der Zusammensetzung ihre ursprüngliche Wortart nicht mehr erkennen lassen:

fehlgehen – feilbieten – kundgeben – wahrnehmen

Es heißt also jeweils:

Wer zuwiderhandelt, wird bestraft.
Wir wollen jetzt abwärtsfahren.
Uns sind zwei Leute abhandengekommen.
Wer dies feilbot, machte großen Gewinn.

So weit klingt dies einfach, ist es aber nicht. Die Schwierigkeiten beginnen vielmehr sofort, wenn die Adverbien nicht als bloße Partikeln verstanden werden, sondern als selbstständige Adverbien. Dann wird getrennt geschrieben, wobei man sich immerhin auf den doppelten Wortakzent stützen kann:

Er will wieder sehen und kauft sich deshalb eine neue Brille.
Sie würden gern zusammen sitzen und nicht stehen.

Weiter gilt Getrenntschreibung, wenn Partikeln unter Kontrastakzent an die erste Stelle im Satz rücken und dann auf jeden Fall getrennt geschrieben werden:

Zuwider handelte niemand. (Bei Substantivierung jedoch: *Zuwiderhandeln ist strafbar.*)
Abwärts fuhr kaum jemand. (Bei Substantivierung jedoch: *Abwärtsfahren gibt es nicht.*)
Abhanden kamen lediglich zwei Leute.
Feil bot er sogar seine Großmutter.

Wo liegt die größte Schwierigkeit? Wohl bei den ›unselbständigen‹ und ›selbständigen‹ Adverbien, vor allem wenn dieselben Adverbien einmal als ›unselbständige‹, das andere Mal als ›selbständige‹ erscheinen. Nehmen wir das Beispiel *aufeinander.* Man kann Sachen *aufeinanderstapeln,* aber man muss *aufeinander achten.* Genauso funktionieren:

auseinander:	*auseinandergehen, auseinander ableiten*
beieinander:	*beieinanderbleiben, beieinander aushalten*
dagegen:	*dagegenhalten, dagegen sein*
daheim:	*daheimbleiben, daheim ausruhen*
daran:	*darangehen, daran glauben*
darauf:	*drauflegen, darauf eingehen*
darunter:	*darunterstellen, darunter leiden*

dazu:	*dazugehören, dazu schweigen*
dazwischen:	*dazwischenrufen, dazwischen essen*
dort:	*dortbleiben, dort wohnen*
gegeneinander:	*gegeneinanderprallen, gegeneinander antreten*
ineinander:	*ineinanderfügen, ineinander übergehen*

Schwieriger noch die Alternativen bei gleichen Wortbestandteilen, etwa bei *dahinter kommen / dahinterkommen*:

Dahinter kommen noch einige Leute.
Sie werden wohl nicht dahinterkommen, dass wir gemogelt haben.

Im ersten Anlauf hatte die Reform hier noch ihr Heil beim formalen Kriterium der Wortart gesucht: Adverbien werden abgetrennt. Nun soll doch – zu Recht – die Bedeutung mehr Gewicht erhalten. Aber man hat es dann mit diesen irritierenden Alternativen bei scheinbar gleichen Wörtern zu tun. Bei den Adverbien kommt man mit der Unterscheidung von ›selbständig‹ und ›unselbständig‹ noch relativ gut klar. Viel schwieriger wird es im Falle der Zusammensetzung von Verben mit Adjektiven, Substantiven oder Verben als erstem Bestandteil.

Wer nicht achtgibt, muss das Silber blank putzen

Oder: Zusammensetzungen von Verben mit Adjektiven, Substantiven oder Verben als erstem Bestandteil

Adjektive werden mit Verben teils getrennt, teils zusammengeschrieben – eine sicherlich schlechte Nachricht. Die klarsten Fälle ergeben sich, wenn aus Adjektiven und Verben neue Gesamtbedeutungen entstehen. Dann wird zusammengeschrieben:

Er lässt sich krankschreiben.
Er wurde freigesprochen.

Wo diese neuen Gesamtbedeutungen nicht gemeint sind, bleibt es bei Getrenntschreibung:

Krank schreibt er jede Menge Briefe.
Er hat immer nur frei gesprochen.

Nur lässt sich die Trennungslinie keineswegs klar ziehen. Statt es der Intuition des Schreibers zu überlassen, wo für ihn eine Gesamtbedeutung vorliegt, hat man in ›Zweifelsfällen‹ die formal leichter handhabbare Trennung empfohlen, die Zusammenschreibung nur erlaubt. Klar ist die neue Gesamtbedeutung etwa bei:

Er soll seine Behauptung richtigstellen.

›Zweifelhaft‹ und deshalb als Alternative (mit Empfehlung der Getrenntschreibung) freigegeben ist:

Er wollte seine Uhr richtig stellen / richtigstellen.

In der Praxis wird man am besten so verfahren, dass man getrennt schreibt, wenn nicht die völlig klaren Fälle von neuen Gesamtbedeutungen vorliegen.

Ähnlich liegt der Fall, bei dem das Adjektiv das Verb auf besondere Weise ergänzt, wenn es nämlich das Resultat eines Vorgangs bezeichnet:

Ich muss das Silber blank putzen / blankputzen.

In diesem Fall soll die alte (und intuitiv ›logische‹) Zusammenschreibung weiter erlaubt sein, empfohlen aber wird Getrenntschreibung. Dies gilt für sehr viele Verben, womit entsprechend zahlreiche reine Alternativen (ohne jeden Bedeutungsunterschied!) entstehen:

gesund pflegen / gesundpflegen – gesund machen / gesundmachen – bekannt geben / bekanntgeben – kaputt machen / kaputtmachen – klein schneiden / kleinschneiden – kalt stellen / kaltstellen – klar werden / klarwerden – blau färben / blaufärben

Auf jeden Fall getrennt geschrieben werden Adjektive, wenn sie (morphologisch) komplex oder erweitert sind – eine mehr als unglückliche Regelung, weil zumindest Komplexität kaum wirklich messbar ist. Dazu zählen Fälle wie:

bewusstlos schlagen – dingfest machen – schachmatt setzen – ultramarinblau streichen (dagegen *blau streichen / blaustreichen*)

Ebenfalls getrennt geschrieben werden Partizipien als erster Bestandteil:

getrennt schreiben – gefangen nehmen – geschenkt bekommen

Insgesamt kann es in der Praxis bei der Devise bleiben: In der Regel bei Adjektiven plus Verben Getrenntschreibung, außer bei neuen Gesamtbedeutungen. Die Betonung spielt also letztlich doch keine Rolle.

Genau umgekehrt ist es nun bei Zusammensetzungen mit Substantiven als erstem Bestandteil. Hierbei gilt in der Regel Zusammenschreibung. Dies gilt strikt in Fällen, in denen das Substantiv seine Selbstständigkeit verloren hat:

standhalten (mit verblasstem *Stand*) – *stattfinden* (mit verblasster *Stätte*) – *wundernehmen* (mit verblasstem *Wunder*)

Dies ist leicht nachvollziehbar. Schon schwieriger sind jedoch Fälle wie die folgenden, bei denen die Reform – zum Glück – einen Rückzieher gemacht hat:

eislaufen – kopfstehen – leidtun

Im Beispiel:

Wenn er eislaufen will, soll er es tun.

Man hatte wenige Jahre zuvor (nach dem scheinbar leichter zu handhabenden formalen Kriterium der Wortart) noch Trennung vorgeschrieben, also *Eis laufen, Kopf stehen, Leid tun, Rad fahren* (gegenüber früherem *eislaufen, kopfstehen, leidtun, radfahren*). Nun soll es bei *Rad fahren* bleiben (was zum alten und neuen *Auto fahren* passt), während die Substantive in *eislaufen, kopfstehen* und *leidtun* (im Gegensatz etwa zu *Eis essen, den Kopf bewahren, Leid erfahren*) als ›verblasst‹ gelten. Wenn man sagt:

Sie werden kopfstehen, wenn sie das hören,

verstehe jeder *kopfstehen* bildlich, im Sinne von ›sich erheblich wundern‹. Auch bei *eislaufen* habe jeder eine Vorstellung von tanzenden und springenden Sportlern und nicht von ›Eis‹. Von all dem unterscheide sich dann *Rad fahren* dadurch, dass ich tatsächlich ein ›Rad‹ fahre, wenn ich *Rad fahre*. Man kann kaum sagen, dass dies sehr überzeugend ist.

Wohl aus diesem Grund hat die Reform in einer Reihe von Fällen Alternativen vorgesehen, bei denen (die intuitiv ›logische‹) Zusammenschreibung immerhin empfohlen ist:

> *achtgeben / Acht geben – haltmachen / Halt machen – maßhalten / Maß halten*

Man schreibt demnach:

> *Wer nicht achtgibt / Acht gibt, verunglückt.* (Bei Erweiterung nur: *Wer nicht allergrößte Acht gibt, verunglückt.*)
> *Wer maßhält / Maß hält, hat mehr vom Leben.* (Bei Erweiterung nur: *Wer solides Maß hält, hat mehr vom Leben.*)

Und nun abschließend Verbindungen mit einem Verb als erstem Bestandteil, also die Verbindung von zwei Verben. Dabei wird in der Regel getrennt geschrieben:

> *laufen lernen – arbeiten kommen – baden gehen – lesen üben*

Etwas anderes ist es bei Verbindungen mit *bleiben* und *lassen* sowie bei *kennenlernen / kennen lernen*. In diesen Fällen können die Bedeutungen verschmelzen und wirklich ein neues Wort (mit metaphorischem Charakter) bilden. Man sollte erwarten, dass dabei jeweils zusammengeschrieben wird. Tatsächlich ist Zusammenschreibung aber nur eine Alternative, empfohlen wird im Fall von *bleiben* und *lassen* Getrenntschreibung (bei *die Maske fallen las-*

sen im klar übertragenen Sinne von ›sein Gesicht verlieren‹ gilt sogar allein Getrenntschreibung!):

sitzen bleiben: Er wollte auf seiner Bank noch etwas sitzen bleiben.
sitzen bleiben / sitzenbleiben: Er wollte auf keinen Fall in der Schule sitzen bleiben / sitzenbleiben.
stehen lassen: Er wollte niemanden beim Empfang stehen lassen.
stehen lassen / stehenlassen: Er wollte kein Geld auf dem Konto stehen lassen / stehenlassen.

Bei *kennenlernen / kennen lernen* wurde zunächst die Getrenntschreibung verlangt, seit der Reform von 2006 können beide Schreibweisen verwendet werden, wobei die (alte) Zusammenschreibung empfohlen wird:

Er wollte vor einem Ausflug das Terrain kennenlernen / kennen lernen.

Schließlich schreibt man Verbindungen mit *sein* stets getrennt:

fertig sein – vorbei sein – beisammen sein – zufrieden sein

Wie kann man nun den gesamten Bereich zusammenfassen? Bei zusammengesetzten Verben unterscheiden wir 1. Adjektiv plus Verb, 2. Substantiv plus Verb, 3. Verb plus Verb. Dabei gibt es folgende Tendenzen:

1. Adjektiv plus Verb: in der Regel getrennt

blank putzen, richtig stellen (aber: *krankschreiben*)

2. Substantiv plus Verb: in der Regel zusammen

standhalten, eislaufen (aber: *Rad fahren*)

3. Verb plus Verb: in der Regel getrennt

laufen lernen, sitzen bleiben, fertig sein (aber empfohlen: *kennenlernen*)

Wenn man von der einstigen Grundtendenz der Reform ausgeht, sich (aus Gründen der Einfachheit) mehr an den Wortarten zu orientieren und entsprechend getrennt zu schreiben, ist davon tatsächlich einiges übrig geblieben. Aber es gibt eben (fast) überall die alternativen (alten) Zusammenschreibungen. Und vor allem gibt es die alternativlosen Zusammenschreibungen bei *eislaufen* oder *krankschreiben* bzw. die alternativlosen Getrenntschreibungen bei *laufen lernen* und *vorbei sein*. Am besten lernt man diese letzten Fälle schlicht auswendig und orientiert sich ansonsten an der Tendenz zur Getrenntschreibung. Lehrer, die Fehler feststellen müssen, sind allerdings zu bedauern.

Angsterfüllt suchte der schwerkranke Bürger Rat in nicht öffentlicher Sitzung

Oder: Adjektive als zweiter Bestandteil

Zusammensetzungen mit einem Adjektiv (oder einem adjektivisch gebrauchten Partizip oder Zahlwort) als zweitem Bestandteil werden wiederum teilweise getrennt, teilweise zusammengeschrieben. Am einfachsten sind die Zusammensetzungen mit Substantiven als erstem Bestandteil. Sie werden zusammengeschrieben. Natürlich muss es sich dabei wirklich um Zusammensetzungen handeln (und nicht um Wortgruppen):

angsterfüllt neben *von Angst erfüllt* – *freudestrahlend* neben *vor Freude strahlend* – *herzerquickend* neben *das Herz erquickend* – *milieubedingt* neben *durch das Milieu bedingt* – *feuerrot* neben *rot wie Feuer* – *mondbeschienen* neben *vom Mond beschienen* – *sagenumwoben* neben *von Sagen umwoben* – *meterhoch* neben *einen oder mehrere Meter hoch*

Weiterhin werden folgende Fälle wie schon immer zusammengeschrieben.

Wenn einer der beiden Bestandteile der Zusammensetzung sonst nicht selbstständig vorkommt:

letztmalig – *redselig* – *schwindsüchtig* – *großspurig* – (*die*) *zeitsparendst*(*e Lösung*)

Wenn das dem Partizip entsprechende Verb zusammengeschrieben wird:

wehklagend (von *wehklagen*) – *herunterfallend* (von *herunterfallen*) – *irreführend* (von *irreführen*) – *teilnehmend* (von *teilnehmen*)

Wenn es sich um gleichrangige Adjektive handelt (zur Alternative einer Schreibung mit Bindestrich bei *blau-rot* usf. kommen wir später):

blaugrau – nasskalt

Wenn der erste Bestandteil bedeutungsverstärkend oder bedeutungsabschwächend ist:

bitterböse – lauwarm – ultrakonservativ

Wenn es sich um mehrteilige Kardinalzahlen unter einer Million sowie allgemein um Ordinalzahlen handelt:

fünfzehn – sechshundert – (der) dreizehnte (Oktober) – (der) zweimillionste (Besucher)

Getrennt geschrieben werden dagegen folgende Fälle, die jeweils als Wortgruppe gelten:

gestochen scharf – abstoßend hässlich – kochend heiß – blendend weiß – riesig groß – verführerisch leicht – grünlich gelb

In wieder anderen Fällen gibt es eine klar geforderte Unterscheidung nach dem Sinn bzw. der Betonung:

der darauffolgende Tag / der darauf folgende Brief – die höchstpersönliche Entscheidung /
Die Entscheidung wurde höchst persönlich gefällt.

Aber die Reform hat nun einmal die Tendenz zur Getrenntschreibung verstärkt. Davon sind vor allem die als Adjektive gebrauchten Partizipien (als zweiter Bestandteil) betroffen. Bei ihnen wird in der Regel (wohl meist gegen die Intuition) Getrenntschreibung empfohlen, Zusammenschreibung aber weiter erlaubt, womit wieder einmal zahlreiche Alternativen entstehen. Gemeint sind Fälle folgender Art:

> *der Rat suchende / ratsuchende Bürger* (aber: *die Ratsuchenden*) – *die Eisen verarbeitende / eisenverarbeitende Industrie – das Blasen ziehende / blasenziehende Wasser – das eng anliegende / enganliegende Kleid – der eng befreundete / engbefreundete Kollege – die eng bedruckte / engbedruckte Seite – der grau gestreifte / graugestreifte Anzug – die grell beleuchtete / grellbeleuchtete Straße – das grob gemahlene / grobgemahlene Korn – die groß angelegte / großangelegte Suche – der groß gewachsene / großgewachsene Junge – das fein gemachte / feingemachte Kind – der gut aussehende / gutaussehende Mittfünfziger – die gut bezahlte / gutbezahlte Sekretärin – der heiß begehrte / heißbegehrte Preis – die heiß geliebte / heißgeliebte Zeitung – der braun gebrannte / braungebrannte Urlauber – das breit gefächerte / breitgefächerte Angebot – der kalt lächelnde / kaltlächelnde Ganove – die kurz gefasste / kurzgefasste Zusammenfassung – das schwer beladene / schwerbeladene Schiff – der selbst gebackene / selbstgebackene Kuchen – die nicht öffentliche / nichtöffentliche Sitzung – die viel befahrene / vielbefahrene Straße*

Es gibt aber auch die umgekehrte Empfehlung, also bevorzugte Zusammenschreibung (und alternative Getrenntschreibung). Dies gilt immer dann, wenn die Zusammensetzung nicht nur einen einheitlichen Gesamtakzent hat, sondern direkt terminologisch geworden ist:

die alleinerziehende / allein erziehende Mutter – die allgemeinbildende / allgemein bildende Schule – eine allgemeingültige / allgemein gültige Aussage – ein schwerwiegender / schwer wiegender Tatbestand – ein grauenerregender / Grauen erregender Vorfall – die abscheuerregende / Abscheu erregende Tat – ein wohlbehütetes / wohl behütetes Geheimnis – ein wohlüberlegter / wohl überlegter Plan – ein wohlschmeckendes / wohl schmeckendes Gericht – ein vielversprechendes / viel versprechendes Angebot – ein vielsagender / viel sagender Blick

Bei amtlicher Verwendung soll in den beiden folgenden Fällen sogar generell zusammengeschrieben werden:

der schwerbeschädigte Arbeitnehmer – die schwerbehinderte Bürokraft

Dies gilt ebenfalls für:

der alleinstehende Mann – der wohlgemeinte Rat – die wohltuende Behandlung

Man könnte daraus die Folgerung ziehen, entweder stets getrennt oder stets zusammenzuschreiben, wobei man einmal der Empfehlung, das andere Mal der erlaubten Alternative folgen (und insgesamt nur wenige Fehler machen) würde. Besser wäre es aber, sich stets nach der individuell gefühlten Betonung und damit letztlich nach dem Sinn zu richten. Das Ergebnis wäre dann zweifellos mehr Zusammenschreibung, wie es zwar nicht der Tendenz der Reform, wohl aber der Entwicklung des Deutschen entspricht.

Goethe lieh sich ein Mountainbike und fuhr damit zum Stelldichein in der Bahnhofstraße

Oder: Substantive als zweiter Bestandteil

Wie schon unter den einleitenden Bemerkungen zum Thema Zusammensetzung gesagt: Mit den Substantiven als zweitem Bestandteil ist alles viel einfacher. Hier gilt durchweg Zusammenschreibung, besonders wenn auch der erste Bestandteil ein Substantiv ist:

Holztür – Goethegedicht – Bahnhofstraße

Aber sie gilt auch für Verbindungen von Substantiven mit Adjektiven, Verben, Pronomen, Adverbien und Partikeln:

Hochhaus – Schreibtisch – Ichsucht – Nichtraucher

Und natürlich für Substantivierungen:

das Holzholen – das Stelldichein

Die einzigen, allerdings recht gravierenden Schwierigkeiten machen aus dem Englischen stammende Zusammensetzungen. In diesem Fall unterscheidet die Reform zwischen schon lange in den deutschen Wortschatz aufgenommenen Kandidaten und solchen, die die Herkunft noch deutlich zeigen. Lange aufgenommene werden in der Regel wie deutsche Zusammensetzungen behandelt, also zusammengeschrieben:

Bandleader – Bluejeans – Discjockey – Fitnesscenter – Hardcover – Jackpot – Lovestory – Mountainbike – Sightseeing – Swimmingpool

Ansonsten richtet sich bei Zusammensetzungen mit Adjektiven die Schreibweise nach dem Wortakzent. Bei gemeinsamem Wortakzent wird zusammengeschrieben, bei getrenntem getrennt, wobei sich meist Alternativen ergeben. In den folgenden Fällen wird Zusammenschreibung empfohlen, Getrenntschreibung erlaubt:

Blackbox neben *Black Box* – *Flatrate* neben *Flat Rate* – *Greencard* neben *Green Card* – *Hardrock* neben *Hard Rock* – *Highlife* neben *High Life* – *Hotdog* neben *Hot Dog* – *Hotpants* neben *Hot Pants* – *Longdrink* neben *Long Drink* – *Softdrink* neben *Soft Drink*

In anderen Fällen wird Getrenntschreibung empfohlen, Zusammenschreibung erlaubt:

Bitter Lemon neben *Bitterlemon* – *Fair Play* neben *Fairplay* – *Fast Food* neben *Fastfood* – *Happy End* neben *Happyend* – *Mixed Pickles* neben *Mixedpickles* – *Short Story* neben *Shortstory* – *Slow Food* neben *Slowfood* – *Small Talk* neben *Smalltalk* – *Wall Street* neben *Wallstreet*

In einigen Fällen ist ausschließlich Getrenntschreibung vorgeschrieben:

High Society – Slow Motion – New Economy

Schließlich gibt es die (noch zu behandelnde) Schreibung mit Bindestrich. Sie bietet eine zusätzliche Möglichkeit der ›Eindeutschung‹, kompliziert das Thema aber enorm.

Letztlich wird sich niemand merken können, was die empfohlene oder erlaubte Schreibweise ist. Schüler werden froh sein, dass sie jeweils eine zweite Chance haben, Lehrer müssen wohl oft nachschlagen, ob eine ihnen eher unsympathische Schreibweise nicht doch erlaubt ist.

All dies bleibt jedem Schreiber bei einem anderen Thema zum Glück erspart: bei den geografischen Eigennamen. Man schreibt sie stets getrennt:

Allgäuer Alpen – Brandenburger Dom – Thüringer Wald

Soweit jemand so weit nicht gehen will, mag er es beizeiten sagen

Oder: Zusammensetzungen aus verschiedenen Wortarten

Damit kommen wir ans Ende der Probleme mit Getrennt- und Zusammenschreibung. Es bleiben Fälle übrig, bei denen kaum noch klar ist, um welche Wortarten es sich jeweils handelt. Sie werden in der Regel zusammengeschrieben. Dies gilt zunächst für Adverbien:

infolgedessen – schlimmstenfalls – umständehalber – zugegebenermaßen – mancherorten – meinerseits – ebenso, genauso, sowieso, umso – probeweise – beizeiten – nichtsdestoweniger – zuallererst, zuhauf, zumeist, zumindest, zutiefst, zuweilen, zuzeiten

Weiterhin für Konjunktionen und Präpositionen:

anstatt (*dass*) – *inwiefern* – *sobald, solange* (aber Vorsicht: *Er blieb so lange, bis…*), *sooft, soviel, soweit* – *anhand* – *anstatt* (*des*) – *infolge* – *inmitten* – *zuliebe*

Und es gilt ebenfalls für Pronomen, zum Beispiel mit *irgend-*:

irgendein – irgendetwas – irgendjemand – irgendwer

Aber es gibt auch ein weites Feld für die Getrenntschreibung. Dies gilt zum Beispiel für Erweiterungen:

dies eine Mal – in keinem Fall – zu jeder Zeit – irgend so ein

Bei adverbialen Fügungen:

darüber hinaus – nach wie vor – vor allem

Bei mehrteiligen Konjunktionen:

ohne dass – statt dass – außer dass

Bei Verbindungen mit *so* (soweit es sich nicht um Konjunktionen handelt) und *gar*:

so hohe Häuser, so oft gesagt, so viele Leute – gar kein, gar nicht, gar nichts

Einen Fall eigener Art bilden Verbindungen, in denen das Substantiv seinen Charakter aufgegeben hat (›verblasst‹ ist). Dabei hat die Reform zurückzurudern versucht, sich im zweiten Anlauf aber korrigiert. So wird Zusammenschreiben (wieder) empfohlen, Getrenntschreibung erlaubt bei:

außerstande sein / außer Stande sein – zuschulden kommen lassen / zu Schulden kommen lassen

In anderen Fällen ist die empfohlene Zusammenschreibung sogar neu:

infrage / in Frage kommen – infrage / in Frage stellen

Das Gleiche gilt für Fügungen mit Präpositionen:

anstelle / an Stelle – aufgrund / auf Grund – mithilfe / mit Hilfe

Und schließlich als einzige mit *so* zusammengesetzte Konjunktion:

sodass / so dass

Fazit: Bei den Zusammensetzungen aus verschiedenen Wortarten dominiert die Zusammenschreibung. Die größten Schwierigkeiten liegen wohl bei den Fällen mit *so-*, die teilweise zusammen, teilweise getrennt geschrieben werden:

Sooft ich komme, ist das Bier weg.
Schon so oft habe ich das Bier vermisst.

Immerhin kann man hier das Kriterium der Betonung anwenden (ein einziger Wortton bei *sooft*, ein zweifacher bei *so oft*). Bei *sodass* gibt es dieses Kriterium sicher nicht, aber dafür sind Alternativen eingeräumt (mit Empfehlung der Zusammenschreibung).

Nach einer dpa-Meldung ging der 8-Zylinder bei Sankt Gallen in eine S-Kurve

Oder: Schreibung mit Bindestrich

Wenn man sich weder für Zusammen- noch für Getrenntschreibung entscheiden mag, bleibt tatsächlich noch eine letzte Möglichkeit: der Bindestrich. Mit ihm kann man jedenfalls Wörter ›aneinanderbinden‹, die in Zusammensetzungen unübersichtlich oder schwer nachvollziehbar wären. Dies gilt für Zusammensetzungen mit Einzelbuchstaben, Abkürzungen, Ziffern:

A-Dur – S-Kurve – D-Zug

Dabei wird die Abkürzung so wiedergegeben wie bei Einzelschreibung, also auch dann klein, wenn es sich insgesamt um ein Substantiv handelt:

die dpa-Meldung (von gestern) – der km-Bereich (bis 100)

Oder um es einmal auf die Spitze zu treiben:

Der x-beinige Herr Soundso bestellte mit seinem Zungenspitzen-r x-mal ein x-beliebiges T-Shirt, wenn es nur als i-Punkt ein s-förmiges Zeichen besaß.

Ziffern werden ebenfalls mit Bindestrich geschrieben:

3-Tonner – 8-Zylinder – 100-prozentig – der 17-Jährige

Ausnahme: Verbindungen mit *-fach* können mit und ohne Bindestrich geschrieben werden:

3fach – 3-fach

Vor Suffixen steht nur dann ein Bindestrich, wenn ein Einzelbuchstabe vorangeht. Es stehen also nebeneinander:

der x-te – zum x-ten Mal – die n-te Potenz – ein CDUler – der 68er – ein 32tel – 100%ig

Sofern Fälle wie *100stel* in Zusammensetzungen geraten, werden sie ebenfalls mit Bindestrich versehen:

ein 100stel-Millimeter – die 61er-Bildröhre – in den 80er-Jahren (auch: in den 80er Jahren)

Interessanter sind die mehrteiligen Zusammensetzungen. Ohne Bindestrich würden sie unübersichtlich. Man vergleiche etwa:

A-Dur-Tonleiter und **Adurtonleiter – UV-Strahlen-gefährdet* und **UVstrahlengefährdet – Arzt-Patient-Verhältnis* und **Arztpatientverhältnis – Ruhe-vor-dem-Sturm-artig* und **ruhevordemsturmartig*

Auch gleichrangige Adjektive lassen sich mit Bindestrich übersichtlich miteinander verbinden:

ein deutsch-italienisches Wörterbuch – der wissenschaftlich-technische Fortschritt – ein blau-rotes (vs. *blaugraues* oder *bläulich graues*) *Kleid*

Wenn es um Übersichtlichkeit geht, gibt es besonders bei

langen Zusammensetzungen oft verschiedene Möglichkeiten, etwa:

Arbeiter-Unfall-Versicherung – Arbeiter-Unfallversicherung – Arbeiterunfall-Versicherung

In diesem Beispiel empfiehlt sich jedoch klar die zweite Version, denn es geht um eine Unfallversicherung für Arbeiter. In anderen Fällen erzeugt man mit unterschiedlichen Bindestrichen auch einmal direkt unterschiedliche Bedeutungen:

Drucker-Zeugnis und *Druck-Erzeugnis – Musiker-Leben* und *Musik-Erleben*

Wiederum etwas anderes ist es, wenn man den Bindestrich benutzt, um das Zusammentreffen von drei gleichen Buchstaben zu vermeiden, wie wir es schon bei der Zuordnung von Buchstaben zu Lauten gesehen haben. Ansonsten gibt es nur noch das Problem der Namen. Man schreibt also Zusammensetzungen mit Personennamen oder auch geografische Eigennamen mit Bindestrich:

Karl-Heinz (daneben auch *Karl Heinz* oder *Karlheinz*) *– Foto-Müller – Baden-Württemberg – Flughafen Köln-Bonn*

Das gilt auch für Ableitungen wie *baden-württembergisch*. Alte und damit gewohnte Bezeichnungen wie *Neu Seehagen* oder *Neubrandenburg* bleiben genauso erhalten wie *Nordkorea* oder *Königs Wusterhausen*. Immer getrennt geschrieben werden die Zusammensetzungen mit *Sankt* und *Bad*:

Sankt Gallen – Bad Säckingen

Bei mehrteiligen Zusammensetzungen, deren erste Bestandteile Eigennamen darstellen, stehen dagegen Bindestriche:

Albrecht-Dürer-Allee – Kaiser-Wilhelm-Ring – Elbe-Havel-Kanal – Albert-Einstein-Gedenkstätte – Georg-Büchner-Preis – Johann-Sebastian-Bach-Gymnasium

Es gibt aber auch Freiheiten, etwa:

Goethe-Ausgabe neben *Goetheausgabe* – *Johannes-Passion* neben *Johannespassion* – *Rhein-Ebene* neben *Rheinebene*

Bleiben zuletzt wieder einmal die englischen Fremdwörter. Verbindungen von Substantiv plus Substantiv sollen zusammengeschrieben werden, wenn die Kandidaten gut eingeführt sind. Die Schreibung mit Bindestrich ist dann lediglich Alternative:

Aircondition neben *Air-Condition* – *Autocross* neben *Auto-Cross* – *Beautyfarm* neben *Beauty-Farm* – *Boatpeople* neben *Boat-People* – *Bottleparty* neben *Bottle-Party* – *Businessclass* neben *Business-Class* – *Callcenter* neben *Call-Center* – *Carsharing* neben *Car-Sharing* – *Carvingski* neben *Carving-Ski* – *Chatroom* neben *Chat-Room* – *Coffeeshop* neben *Coffee-Shop* – *Daviscup* neben *Davis-Cup* – *Dinnerjacket* neben *Dinner-Jacket* – *Dokusoap* neben *Doku-Soap* – *Economyclass* neben *Economy-Class* – *Fitnessstudio* neben *Fitness-Studio* – *Glamourgirl* neben *Glamour-Girl* – *Homebanking* neben *Home-Banking* – *Hometrainer* neben *Home-Trainer* – *Jobcenter* neben *Job-Center* – *Jumbojet* neben *Jumbo-Jet* – *Motocross* neben *Moto-Cross* – *Mountainbike* neben *Mountain-Bike* – *Realityshow* neben *Reality-Show* – *Tabledance* neben *Table-Dance* – *Tiebreak* neben *Tie-Break*

In weniger gut eingeführten Fällen (aber woher soll man das wissen?) ist der Bindestrich empfohlen, die Zusammenschreibung toleriert:

> *Anti-Aging* neben *Antiaging* – *Bungee-Jumping* neben *Bungeejumping* – *Centre-Court* neben *Centrecourt* – *Cruise-Missile* neben *Cruisemissile* – *Dream-Team* neben *Dreamteam* – *Fulltime-Job* neben *Fulltimejob* – *Midlife-Crisis* neben *Midlifecrisis* – *Pressure-Group* neben *Pressuregroup* – *Science-Fiction* neben *Sciencefiction* – *Sex-Appeal* neben *Sexappeal*

Ansonsten wird der Bindestrich bei Verbindungen von Verben und Partikeln geschrieben, wobei in weniger gebräuchlichen Fällen der Bindestrich, in gebräuchlicheren die Zusammenschreibung empfohlen ist:

> *Back-up* neben *Backup* – *Coming-out* neben *Comingout* – *Knock-out* neben *Knockout* – *Know-how* neben *Knowhow* – *Take-off* neben *Takeoff*

> *Blackout* neben *Black-out* – *Comeback* neben *Come-back* – *Countdown* neben *Count-down* – *Handout* neben *Hand-out* – *Layout* neben *Lay-out* – *Rollback* neben *Roll-back* – *Showdown* neben *Show-down* – *Stopover* neben *Stop-over*

Es ist klar, dass die Beurteilung von größerer oder geringerer Gebräuchlichkeit individuell verschieden ist, sodass sich eine erhebliche Streubreite ergeben dürfte. Man kann sich natürlich damit trösten, keinen Fehler zu machen, wenn man sich für die nicht empfohlene Schreibweise entscheidet. Trotzdem wäre es eine Erleichterung, wenn die Entscheidung für die eine *oder* die andere Version fiele.

Die Mutter kauft ihrem verzogenen Bengel ein Spielzeug

Oder: Von Groß- und Kleinschreibung

Bekanntlich ist die Groß- und Kleinschreibung mittlerweile eine Spezialität des Deutschen. Unsere Nachbarn haben sie entweder abgeschafft (wie die Dänen 1948 in bewusster Abwendung von der jüngsten deutschen Geschichte) oder nie besessen. Woher kommt diese Eigenheit?

Die Römer kannten sie noch nicht. Sie schrieben entweder alle Buchstaben groß oder alle Buchstaben klein. Daher haben wir überhaupt die Alternative. Großschreibung war einmal für den Meißel bestimmt, die Großbuchstaben eigneten sich für Marmor oder sonstigen Stein. Man denke nur einmal an ein ›A‹ mit seinen geraden Linien, die man ›herunterhauen‹ kann, am Ende mit einem kleinen Querstrich quasi als Sockel. Kleinschreibung, die Kursive, war dagegen etwas für den Griffel auf Wachs oder die Feder auf Papyrus. Und dann kamen neuere Zeiten, in denen man die großen und kleinen Buchstaben nebeneinander benutzte, um für Gliederung zu sorgen, zum Beispiel die Großbuchstaben als Initialen zu Beginn eines Kapitels in mittelalterlichen Handschriften und allmählich auch zu Beginn eines Satzes.

Ansonsten schrieb man im Mittelalter klein. Aber der Großbuchstabe am Satzanfang muss eine Art Einfallstor gewesen sein, denn allmählich ging es mit der Großschreibung von Wörtern auch im Satzinneren weiter. Diese Wende vollzog sich zusammen mit dem anwachsenden Buchdruck im Laufe des 16. Jahrhunderts, und zwar besonders in Deutschland. Den Ausgangspunkt bildeten Eigennamen, wie es etwa die erste Ausgabe der Lutherbibel von 1522 beim Beginn der Weihnachtsgeschichte nach Lukas belegt:

> *ES begab sich aber zu der zeit / das ein gebot von dem Keiser Augusto ausgieng / das alle welt geschetzt würde. Vnd diese schetzung war die aller erste / vnd geschach zur zeit / da Kyrenios landpfleger jnn Syrien war / Vnd jderman gieng / das er sich schetzen liesse / ein jglicher jnn seine stad.*

Bis zur Mitte des 16. Jahrhunderts folgen Sachnamen für Gegenstände besonderer Verehrung oder besonderen Interesses (*nomina sacra*), schließlich zu Beginn des 17. Jahrhunderts ganz allgemein Bezeichnungen für Konkreta. Noch aber fehlte es an klaren Regeln. Es gab Sonderwege wie den, dass gute Begriffe groß- und schlechte kleingeschrieben wurden, also *Christen, Priester* neben *teufel, heiden*. Erst allmählich entwickelte sich eine strikt grammatische Groß- und Kleinschreibung, wonach es die Wortart ist, die besonders hervorgehoben wird. Dazu konnten allerdings auch Pronomen und sogar Verben gehören. Das Rennen um die Großschreibung machten schließlich die Substantive. Bei den Pronomen spielte eine Rolle, dass ihre Großschreibung für die Anredeformen (*Du, Sie, Ihr* usf.) reserviert bleiben sollte.

Worin wurde der Vorteil dieser Groß- und Kleinschreibung gesehen? Die Antwort kann nur lauten: in der Lesbarkeit. Wenn man Substantive großschreibt, heben sie sich im Satz heraus – wie kleine Leuchttürme, die den Weg durch die grammatische Konstruktion weisen. Man sieht es am Beispiel:

Die Mutter kauft ihrem verzogenen Bengel ein Spielzeug.

Personen und Dinge sind großgeschrieben, Handlungen und alles Drumherum klein. Man muss keine Sekunde überlegen, wer etwas tut und was getan wird, welche Wörter wichtig sind und welche nur Beiwerk wie der Artikel. Man bekommt es angezeigt. Natürlich hat man mit Recht darauf hingewiesen, dass mit der Kleinschreibung die Lesbarkeit nicht zusammenbricht. Man kann sich lange Beispielsätze ausdenken (und gelegentlich finden), bei denen auch unter den Bedingungen heutiger Großschreibung alle Wörter (außer dem ersten) kleingeschrieben sind und trotzdem kein Leseproblem auftaucht:

Übrigens war ich ihr gegenüber völlig offen und ehrlich und erklärte ihr halblaut, ich besäße nichts, was sie irgendwie würde erfreuen können, wobei ich sie schon deshalb umso mehr liebte, als ich merkte, dass sie fröhlich sein konnte, selbst wenn nichts vorlag, und es eher danach aussah, als könne ich weder listig noch gewalttätig irgendetwas erreichen.

In diesem Fall sind die Substantive durch Pronomen ersetzt, durch *ich* und *sie* insbesondere. Den Rest bilden Adjektive und Formwörter aller Art.

Übrigens hat man in Deutschland vor nicht allzu langer Zeit durchaus schon einmal konsequent kleingeschrieben. Jacob Grimm, der die erste wissenschaftliche Grammatik der deutschen Sprache vorlegte und das *Deutsche Wörterbuch* begründete (das erst am Ende des 20. Jahrhunderts fertig werden sollte), schrieb ausschließlich klein. Nur wollte Grimm überhaupt das Rad der Geschichte zurückdrehen und zur Schreibweise des Mittelalters zurückkehren, zum Beispiel die Bezeichnungen der Länge und Kürze von Vokalen abschaffen (also *Har* oder *füren*). Dahinter stand der Traum der Romantiker von der einstigen Größe und Einheit des Deutschen Reiches, das in der Realität des frühen 19. Jahrhunderts politisch noch keine Chance auf Verwirklichung hatte. Aber nur wenige Germanistenkollegen sind Grimm gefolgt. Die überwältigende Mehrheit der Deutschen schrieb weiter groß bzw. folgte der Groß- und Kleinschreibung im Gegensatz zur gemäßigten Kleinschreibung (mit Großschreibung nur von Namen und am Satzanfang) ihrer romanischen Nachbarn. Allerdings muss man sagen, dass eine Begründung von Regeln für die Groß- und Kleinschreibung nie gelungen ist. Dies liegt daran, dass nicht wirklich klar ist, welche Wörter als Substantive zu gelten haben und welche nicht (eine Wortart ›gibt‹ es nicht, sondern kann nur über die syntaktische Analyse geklärt werden). Weil jede Lösung letztlich unbefriedigend war, hat – es ist schon gesagt worden – fast jede Rechtschreibreform die Groß- und Kleinschreibung abschaffen wollen, auch die letzte. Aber jedes Mal ist das Ansinnen gescheitert, weil man den Eingriff als zu stark empfand. Dann mussten wieder neue Kompromisse gesucht werden. Sehen wir uns dies nun anhand der letzten Reform an, die bei der Groß- und Kleinschreibung ähnlich stark eingegriffen (und beim zweiten Anlauf von 2006 in wichtigen Punkten wieder geändert) hat wie bei der Getrennt- und Zusammenschreibung.

Als Tendenz kann man zunächst einmal festhalten: Die alte Rechtschreibung (des 20. Jahrhunderts) setzte an der Bedeutung der Substantive an, schrieb sie groß, wenn es sich um wirkliche ›Gegenstände‹ handelte, dagegen klein, wenn sie zum Beispiel ›verweisenden‹ Charakter hatten, metaphorisch verwendet wurden oder auf andere Weise ›abgeschwächt‹ waren (also ›Scheinsubstantive‹ darstellten). Bei *in bezug auf, bis auf weiteres* oder *imstande sein* ist nicht mehr im strengen Sinne von ›Gegenständen‹ die Rede, also wurde kleingeschrieben. Die Reform hat dagegen mehr die Wortart als solche zum Kriterium gemacht, weil diese ›leichter‹ identifizierbar erschien, und wollte anfangs alles großschreiben, was mit einem Artikel versehen werden kann. Davon ist man teilweise wieder abgerückt, aber die Grundtendenz blieb. Man schreibt jetzt *in Bezug auf* und *bis auf Weiteres* (neben erlaubtem *bis auf weiteres*), während *im Stande sein* nur erlaubt ist (neben empfohlenem *imstande sein*). Der Gesichtspunkt der ›Abschwächung‹ des Substantivischen ist also anerkannt, aber auch mit dem anderen Gesichtspunkt einer Orientierung an der formalen Wortart auf eine Weise vermengt, die den Schreiber im Einzelfall vor schwer lösbare Aufgaben stellt. Versuchen wir trotzdem, einen Weg zu weisen.

Er war schuld, dass die Firma pleite ging

Oder: Substantive schreibt man groß – meistens

Die Großschreibung am Satzanfang kann jedes Wort und damit jede Wortart betreffen und dient als älteste Form der Großschreibung – auch bei unseren Nachbarn – dem Lesen. In diesem Punkt gibt es kaum Schwierigkeiten. Man muss lediglich beachten, dass Überschriften, Werktitel und dergleichen ebenfalls wie Sätze behandelt werden, auch wenn sie syntaktisch unvollständig sind. Großgeschrieben wird weiterhin nach Doppelpunkt, wenn ein Ganzsatz (mit Subjekt, Prädikat und gegebenenfalls mehreren Objekten) folgt. Es heißt also:

Niemand bestreitet es: Das Weihnachtsgeschäft wird die Firma retten.

Schwierigkeiten macht lediglich die Art von Großschreibung, die sich auf die Substantive als Wortart bezieht.

Man erkennt Substantive zunächst einmal daran, dass ihre Vertreter ein Geschlecht besitzen (vom Artikel angezeigt) und dass sie deklinierbar sind:

Der Besitzer des Hauses bietet seinem Nachbarn ein Glas Wein an.

Auch Zusammensetzungen, die nicht mit einem Substantiv beginnen, aber insgesamt substantivischen Charakter haben, werden großgeschrieben:

die Ad-hoc-Entscheidung – der A-cappella-Chor – der Trimm-dich-Pfad – zum Aus-der-Haut-Fahren

Eine Ausnahme bilden lediglich (wie schon beim Bindestrich behandelt) Abkürzungen oder zitierte Wörter, bei denen die normale Schreibweise erhalten bleibt:

die km-Zahl – der dass-Satz – der i-Punkt

Umgekehrt gilt Großschreibung auch für Substantive aus Fremdsprachen, die ihre Wörter ansonsten kleinschreiben:

das Crescendo – der Drink – die Conditio sine qua non

Falls diese fremdsprachlichen Wörter als Ganzes ein Substantiv darstellen, werden sie (im Gegensatz zu den Sprachen, denen sie entlehnt sind) auch im Innern mehrteiliger Fügungen großgeschrieben:

Alma Mater – Ultima Ratio – Soft Drink – Corned Beef – Sex-Appeal

Die größten Schwierigkeiten dürften da entstehen, wo der Substantivcharakter in festen präpositionalen Wendungen problematisch wird. Die Reform favorisiert dabei die Großschreibung, die früher aus Bedeutungsgründen etwa für *mit Bezug auf* (im Gegensatz also zu altem *in bezug auf*) galt:

in Bezug auf – zu Hause (neben *zuhause*) *– die Haare stehen jemandem zu Berge*

In vielen Fällen wurde jedoch wieder einmal zurückgerudert bzw. die Großschreibung nur als Alternative neben der empfohlenen traditionellen Kleinschreibung erlaubt (Vorsicht: In der *Amtlichen Regelung* vom März 2006, die im Duden, 24. Aufl., 2006, als Anhang abgedruckt ist, steht es teilweise umgekehrt!):

aufgrund / auf Grund – zugunsten / zu Gunsten – zugrunde / zu Grunde – zulasten / zu Lasten – zurande / zu Rande – zurate / zu Rate – zuleide / zu Leide – zunutze / zu Nutze – aufseiten / auf Seiten – vonseiten / von Seiten – zuseiten / zu Seiten

Uneinheitlich werden in der Reform auch die folgenden Wendungen behandelt. Alternativlose Großschreibung ist vorgesehen bei:

in Betracht kommen – außer Betracht kommen – in Kauf nehmen – zu Hilfe kommen – außer Acht lassen

Dann aber ist die alte Kleinschreibung empfohlen, Großschreibung nur als Alternative erlaubt:

mithilfe / mit Hilfe – achtgeben / Acht geben – auf etwas achthaben / Acht haben

Feste Wendungen (mit Verlust des Substantivcharakters) gibt es aber nicht nur in Verbindung mit Präpositionen. Auch sonst können Zweifel entstehen, wieweit Substantive verblasst sind oder nicht. Die Reform hat in diesen Fällen die Großschreibung favorisiert (sich also an den formalen Substantivcharakter gehalten). Dies gilt für Wendungen, die wir teilweise schon im Kapitel zur Getrennt- und Zusammenschreibung behandelt haben:

Auto fahren – Rad fahren – Maschine schreiben – Kegel schieben – Diät leben – Hof halten – Not leiden – Zeitung lesen – Wert legen auf etwas – Angst haben – Angst machen

Besonders schwierig (bzw. wie schon früher kompliziert geregelt) sind Verbindungen mit *Ernst/ernst* sowie mit *Recht/recht*. Großschreibung gilt bei:

Ernst machen

Kleinschreibung dagegen bei:

ernst nehmen – ernst sein – ernst werden

Im Falle von *Recht/recht* gilt Großschreibung bei:

im Recht sein – von Rechts wegen – mit Recht, ohne Recht – für Recht erkennen – Recht finden, sprechen, suchen, fordern – zu Recht

Dagegen ist Kleinschreibung empfohlen, Großschreibung erlaubt bei:

recht/Recht tun – recht/Recht haben – recht/Recht behalten – recht/Recht bekommen – recht/Recht geben

Fälle von durchgehender Großschreibung sind:

zum ersten Mal (aber: *einmal, diesmal, manchmal*) – *eines Abends* (aber: *abends*) – *letzten Endes*

Weiter Zahlsubstantive:

ein Dutzend – das Hundert – eine Million

Schließlich Ausdrücke, die als Bezeichnung von Tageszeiten nach den Adverbien *gestern, heute, morgen* auftreten (und früher kleingeschrieben wurden, weil ihr Substantivcharakter verloren gegangen ist):

Sie kam gestern Abend.
Er trifft ihn heute Mittag.

Während in den bisher behandelten Fällen Großschreibung den Normalfall darstellte, gilt generell Kleinschreibung (leider wieder nicht ohne Ausnahmen) da, wo auch nach der Reform Substantive ihren Substantivcharakter verloren haben und wie Adjektive, Adverbien usf. gebraucht werden. Dies ist der Fall bei:

Die Firma ist pleite. (Vgl. *Die Firma ist groß.*)

Und genauso funktioniert es in vergleichbaren Fällen, besonders in Verbindung mit den Hilfsverben *sein* und *werden*:

Sie ist schuld daran. – Sein Gegner war klasse. – Mir wird angst und bange. – Er wurde ihm darauf spinnefeind.

Substantive, die mit Verben zusammengesetzt sind, schreibt man ebenfalls klein, wenn sie von ihren Verben getrennt werden, etwa im Falle von *teilnehmen*:

Ich nehme an der Veranstaltung teil.

Es gibt noch weitere Formen des Verlusts des ›Substantivischen‹ beim Substantiv. Substantive können auch zu Adverbien werden:

abends – anfangs – morgens – donnerstags – willens – rechtens

Dies gilt auch für *hungers*:

Er wird hungers sterben, wenn er nicht besser versorgt wird.

Das Gleiche gilt, wenn Substantive als Präpositionen gebraucht werden wie etwa *abseits*. Sie werden ebenfalls kleingeschrieben. Dies gilt nicht nur für diejenigen Präpositionen und übrigens auch Konjunktionen, die auf *-s* und *-ens* enden wie:

angesichts – mittels – falls – teils

Es gilt auch für:

dank/kraft (*seines Amtes*) – *laut* (*Vertrag*) – *zeit* (*seines Lebens*)

Weiter gibt es ›abgedankte‹ Substantive, die etwas mit Zahl oder Maß zu tun haben. Sie werden ebenfalls kleingeschrieben:

ein paar Leute weniger (daneben *ein Paar Schuhe*!) – *kein bisschen weise* – *ein zehntel Millimeter* (daneben *ein Zehntel des Umsatzes*) – *fünf hundertstel Sekunden* – *gegen drei viertel acht* (in einer Uhrzeitangabe)

Wie kann man sich in diesem Labyrinth zurechtfinden, wenn man nicht schlicht Fall für Fall auswendig lernen will? Vielleicht zunächst der Trost, dass sich gegenüber der alten Rechtschreibung nicht allzu viel geändert hat – die Tendenz zur verstärkten Großschreibung (im ersten Anlauf der Reform) wurde ja wieder in wesentlichen Teilen zurückgenommen. Man kann sich also weiter (in grober Vereinfachung) an ›richtigen‹ und ›verblassten‹ Substantiven orientieren. Dann müsste man nur die Fälle von ›verblassten‹ Substantiven lernen, die trotzdem großgeschrieben werden wie bei *in Betracht kommen* (wo eigentlich niemand irgendetwas einer ›Betrachtung‹ unterzieht). Bleiben einzeln zu lernen auch noch die unangenehmen Fälle von *recht/Recht* und *ernst/Ernst*.

Das Inkrafttreten des Gesetzes hat für manchen ein gewisses Etwas

Oder: Substantivierungen schreibt man groß – fast immer

So viel zu Substantiven, die ihren ›Charakter‹ behalten oder verlieren. Ganz anders der umgekehrte Fall, bei dem Vertreter anderer Wortarten als Substantive gebraucht werden: die Substantivierungen. Diese werden großgeschrieben, weil sie grammatisch dieselbe Funktion haben wie echte Substantive.

Beginnen wir mit einfachen Beispielen. Man erkennt Substantivierungen leicht an einem vorausgehenden Artikel, einem Pronomen, einem unbestimmten Zahlwort oder an einem Adjektiv, das als Attribut vorangestellt ist:

das Inkrafttreten des Gesetzes – dieses Herumdoktern – alles Kleingedruckte – nach langem Hin und Her

Auch deklinierte Formen verraten die Verwendung als Substantiv:

Sie glaubte, Buntes passe nicht in ihr Zimmer.
Niemand behauptet, Rasende könne man beruhigen.
Mit Gebratenem kann man ihm nicht kommen.

Übrigens werden viele dieser Fälle längst als normale Substantive empfunden:

die Grünen – das Essen – die Angestellten – das Jenseits

Ebenso werden Adjektive und Partizipien, die man als Substantive verwendet, großgeschrieben – besonders nach Wörtern wie *alles, etwas, nichts, viel, wenig*:

Alles Übrige war kein Problem.
Er zahlte für etwas Belangloses.
Er hat nichts Bedeutendes geschrieben.
Sie sah viel Durchschnittliches.
Es gab wenig Erheiterndes.

Im Gegensatz zur alten Rechtschreibung gilt dies auch für feste Wendungen, in denen der Substantivcharakter der Substantivierung mehr als problematisch ist:

Dies ist im Folgenden näher auszuführen.
Im Übrigen lag er falsch.
Im Großen und Ganzen hat er dabei gewonnen.
Die Verhältnisse haben sich im Allgemeinen nicht gebessert.
Im Einzelnen war viel auszusetzen.
Er hielt sie auf dem Laufenden.
Sie tappte im Dunklen.
Er fischte im Trüben.
Er gab eine Geschichte zum Besten.
Es war ein Programm für Jung und Alt.
Das Kleid gibt es in Rot oder Schwarz.
Die Miete ist zum Ersten jedes Monats zu entrichten.
Jeder Zweite verlor die Nerven.
Er musste noch Verschiedenes erledigen.
Sie hat das Ganze sofort vergessen.

Von Ausnahmen wird noch die Rede sein. Zunächst aber zur Substantivierung der Verben. Alles andere als Großschreibung wäre unlogisch:

Das Malen fällt mir schwer.
Er wollte auf Biegen und Brechen gewinnen.
Es ist zum Auf-und-davon-Laufen.

Genauso geht es mit Pronomen, Grundzahlen, Adverbien und all den anderen kleineren Wortarten:

Sie hatte ein gewisses Etwas.
Sie setzte alles auf die Vier.
Ihn störte das Hin und Her.
Er fragte nach dem Woher.
Er schaffte es mit Ach und Krach.
Das Ja fiel ihm leicht.

Aber es gibt auch den Fall, dass trotz des formalen Elements von Substantivierung kleingeschrieben wird:

Zwei Damen betraten den Raum. Die jüngere stellte mir eine Frage.

In diesem Beispiel wird die *jüngere* ja wieder zu einem reinen Adjektiv, weil man das zugehörige Substantiv mitdenkt.

Schon schwieriger sind die Superlative mit *am,* nach denen mit »Wie?« gefragt werden kann. Sie werden kleingeschrieben, weil das *am* nicht in die präpositionale Wendung *an dem* aufzulösen ist:

Dieser Weg ist am steilsten.

Deshalb wird der folgende Fall anders behandelt, nämlich Großschreibung empfohlen, Kleinschreibung nur erlaubt:

Er begrüßte ihn aufs (auf das!) Herzlichste/herzlichste.
Wir arbeiten aufs (auf das!) Beste/beste zusammen.

Superlative, nach denen mit »Woran?« oder »Worauf?« gefragt werden kann, schreibt man dagegen immer groß:

Es fehlt ihnen am Nötigsten.
Wir sind aufs Beste angewiesen.

Während die bislang behandelten festen Verbindungen mit Adjektiven meist entgegen der alten Rechtschreibung großgeschrieben wurden, gibt es auch (die gewohnte) Kleinschreibung, wenn der fehlende Substantivcharakter schlicht auf der Hand liegt:

Die Autos kamen von nah und fern.
Sie hielten durch dick und dünn zusammen.
Er hat die Geschichte für wahr gehalten.
Das wird er schwarz auf weiß beweisen.

Empfohlene Groß- und nur erlaubte Kleinschreibung (Vorsicht: In der *Amtlichen Regelung* steht es umgekehrt!) gilt dagegen für:

Aus der Ruine stieg von Neuem/neuem Rauch auf.
Man konnte das Feuer von Weitem/weitem sehen.
Die Aufgabe wird binnen Kurzem/kurzem erledigt.
Der Fahrplan bleibt bis auf Weiteres/weiteres in Kraft.

So weit die Regelungen bei den Adjektiven. Etwas anderes sind Pronomen, die als Stellvertreter von Substantiven (fast ausnahmslos) kleingeschrieben werden:

In dieser Gegend hat sich schon mancher verirrt.
Wir haben alles mitgebracht.
Das muss jeder selbst wissen.

Eine Ausnahme gibt es in den folgenden Fällen (Vorsicht, in der *Amtlichen Regelung* steht es wieder umgekehrt):

Grüß mir die Deinen/deinen.
Jedem das Seine/seine.

Nicht einfach sind die Zahladjektive. Auch sie werden in der Regel kleingeschrieben:

Das haben schon viele erlebt.
Einige wenige blieben da.
Das haben auch andere erlebt.
Unter anderem wurde das Zeugnis besprochen.

Aber dann ist Großschreibung zugelassen, wenn diese Adjektive allzu deutlich Substantivcharakter annehmen:

Die vielen/Vielen, die gingen, ärgerten sich hinterher.
Das wenige/Wenige, das übrig blieb, war beschädigt.
Sie strebte etwas anderes/Anderes an.
Alles andere/Andere als Zulangen wäre ein Fehler.
Die einen/Einen sagen dies, die anderen/Anderen das.

Ähnlich bei den Kardinalzahlen unter einer Million. Sie werden wieder in der Regel kleingeschrieben:

Was drei wissen, wissen bald alle.
Diese drei sind mir bekannt.
Menschen über achtzig können noch sehr rüstig sein.
Wir waren an die hundert.

Großschreibung ist empfohlen, Kleinschreibung erlaubt (Vorsicht, in der *Amtlichen Regelung* steht es umgekehrt!), wenn *hundert* und *tausend* sowie *dutzend* als Zahlsubstantive gelten:

Es kamen viele Tausende/tausende.
Mehrere Tausend/tausend Menschen kamen.
Der Stoff liegt in Dutzend/dutzend Farben vor.

Ein Fazit zu ziehen fällt schwer. Die größten Probleme liegen einerseits bei den Adjektivverbindungen, andererseits bei den Pronomen. Bei den Adjektivverbindungen gibt es neue Großschreibung (*im Folgenden*), die unterschiedlichen Fälle mit *am* (*am steilsten, am Nötigsten*) sowie die empfohlene Großschreibung bei *von Neuem*. Bei den Pronomen gilt generell Kleinschreibung, Großschreibung ist empfohlen bei *viele Tausend*, erlaubt bei *die Vielen*. Wenn sich zwischen der *Amtlichen Regelung* und den Angaben im Wörterbuch des *Duden* dabei so oft Diskrepanzen ergeben, die Verfasser also offensichtlich selbst ihre Regeln nicht im Gedächtnis zu behalten vermochten, darf man wohl einmal fragen, was all dies mit Erleichterung zu tun haben soll.

Johanna die Wahnsinnige träumt Unter den Linden von belgischem Bier

Oder: Eigennamen schreibt man groß – wirklich fast immer

Eigennamen gibt es für Personen, aber auch für Orte oder Institutionen. Klar, dass es in Fällen wie *Peter* oder *Paris* keine Probleme geben kann. Etwas genauer hinsehen muss man bei den mehrteiligen Eigennamen. Artikel und Präpositionen schreibt man klein:

Walther von der Vogelweide – Johanna die Wahnsinnige – Annette von Droste-Hülshoff

Dies gilt auch dann, wenn im Satzinnern den Präpositionen kein Vorname vorausgeht:

Der Name des Autors lautet von Arnim.

Bei geografischen Eigennamen funktioniert dies genauso. Die zugehörigen Adjektive oder Partizipien werden großgeschrieben:

die Vereinigten Staaten von Amerika – die Prachtstraße Unter den Linden – die Schwäbische Alb – der Indische Ozean

Weiter gibt es Eigennamen von Objekten verschiedener Art, bei denen das Adjektiv mit dem Substantiv zusammen eine besondere Bedeutung erhält. Das Sternzeichen *Kleiner*

Bär etwa wird als ein Eigenname aufgefasst, im Gegensatz zum *kleinen Bären* im Zoo. Weitere Beispiele wären:

der Schiefe Turm von Pisa – der Grüne Baum (eine Kneipe) – *der Deutsche Bundestag – die Vereinten Nationen – die Deutsche Bank – die Berliner Zeitung – der Ferne Osten – der Zweite Weltkrieg*

Bei Ableitungen von Eigennamen gilt: Ableitungen auf *-er* schreibt man groß:

die Berliner Bevölkerung – der Schweizer Käse

Adjektivische Ableitungen auf *-(i)sch* und andere Suffixe werden kleingeschrieben:

belgisches Bier – ein eulenspiegelhafter Schalk

Dies gilt auch für Fälle wie:

die goethesche Lyrik – die darwinsche Evolutionstheorie

Für einige Verwirrung sorgt es, wenn dazu als Alternative die mehr als unschöne Schreibung mit Apostroph und Großschreibung des Substantivs angeboten wird:

die Goethe'sche Lyrik – die Darwin'sche Evolutionstheorie

Dies gilt vor allem deshalb, weil davon wieder reine Eigennamen unterschieden werden wie der *Halleysche Komet,* der in der *Amtlichen Regelung* noch als bloße Empfehlung neben dem auch möglichen Halley'schen Kometen vorgesehen war. In all dem liegen reichlich unnötige Schwierigkeiten auf einem eigentlich relativ einfachen Feld.

Ach, Heiliger Vater, was halten Sie von der schwarzen Magie?

Oder: Feste Verbindungen aus Adjektiv und Substantiv, Anredepronomen und Anreden

Aus Adjektiven und Substantiven können mehrteilige Namen gebildet werden. In diesem Fall schreibt man das Adjektiv (wie schon früher) groß:

der Kleine Bär (Sternzeichen) – *das Neue Testament – die Alte Welt – der Grüne Veltliner*

Aber die Grenze zum Namen ist schwer zu ziehen. Kleingeschrieben wird das Adjektiv (ebenfalls wie schon früher) etwa in folgenden Verbindungen:

der schwarze Tee – das neue Jahr (auch: *ein gutes neues Jahr!*) – *der bunte Hund – die graue Maus – der graue Star*

Auf jeden Fall als mehrteiliger Name angesehen werden dagegen (ebenfalls wie schon früher) die Fälle von Amtsbezeichnungen, besonderen Kalendertagen und historischen Ereignissen bzw. Epochen:

der Heilige Vater – der Heilige Abend – die Französische Revolution

Gegen die alte Schreibung kleingeschrieben (also nicht als Name anerkannt) wird jedoch nun:

die schwarze Magie

Dann aber beginnen die Zweifelsfälle. Die Reform hat zu ihrer Lösung keine einheitliche Tendenz verfolgt. Teilweise wird Großschreibung empfohlen, (neue) Kleinschreibung erlaubt:

das Schwarze/schwarze Brett – der Schwarze/schwarze Tod – das Gelbe/gelbe Trikot – die Erste/erste Hilfe – der Letzte/letzte Wille

Teilweise wird umgekehrt Kleinschreibung empfohlen, (neue) Großschreibung erlaubt:

das schwarze/Schwarze Gold (Kohle) – *das schwarze/Schwarze Loch* (Astronomie) – *die grüne/Grüne Lunge – die grüne/Grüne Grenze – die graue/Graue Eminenz*

Auch bei den Anredepronomen sind Alternativen vorgesehen. Im Falle von *Sie* und *Ihr* sowie den jeweiligen flektierten Formen gibt es keine Ausnahme. In sämtlichen Fällen wird großgeschrieben:

Würden Sie mir helfen?
Wie geht es Ihnen?
Wie geht es Eurer Exzellenz?

Bei *du* und *ihr* bzw. *dein* und *euer* kann man selbst bestimmen, ob man im Brief die förmlichere Großschreibung oder die persönlichere Kleinschreibung bevorzugt:

Lieber August, ich schreibe dir/Dir den folgenden Brief vom Krankenbett aus.

Damit ist allerdings eine erhebliche Schwierigkeit ganz anderer Art programmiert. Duze ich den Freund in Großschreibung, ist er sauer, weil er sich nicht als Freund behandelt sieht. Duze ich ihn in Kleinschreibung, ist er sauer, weil ich zu distanzlos bin.

Kann man zum Schluss die Probleme der Groß- und Kleinschreibung insgesamt zusammenfassen? Sehr schwer, weil es zwei Tendenzen gibt, die sich durchkreuzen: Einmal ist die *formale* Eigenschaft des Substantivs ausschlaggebend, dann die *Bedeutung,* die das Substantiv in einer Wendung hat. Das kann im Einzelfall nur zu Willkür bzw. zur Belastung des Gedächtnisses führen. Noch niemals aber war die Behandlung des Themas so leicht, wie es sich Lehrer in ihrer Not wohl zuweilen gemacht haben: Wenn sie nämlich Substantive kurzerhand als etwas erklärt haben, was man anfassen kann und deshalb großschreiben muss. Die schönste Geschichte dazu hat Utz Maas aus einer alten Zeitung mitgeteilt. Sie sei hier wiederholt, um die Anstrengungen des wahren Lebens wenigstens für einen Augenblick vergessen zu lassen. Ein Kind erläutert, wie es den Satz »Die Katze sitzt hinterm Ofen« geschrieben hat:

> die *kann man nicht anfassen, schreibt man klein.* katze *kann man nicht anfassen, kratzt. Schreibt man klein.* Hintern *kann man anfassen. Groß.* Ofen *kann man nur im Sommer anfassen, im Winter nicht. Also:* die katze sitzt Hintern ofen. *(im Winter)* Hintern Ofen *(im Sommer).*

Das ist die richtige Antwort. Was sage ich? Die Lösung des Problems!

Oder: Drei Kennzeichnungen des Satzschlusses

Beginnen wir mit einer Übersicht über die Kennzeichnungen des Satzschlusses: mit Punkt, Ausrufezeichen und Fragezeichen. Dabei tauchen kaum Schwierigkeiten auf. Aussagen schließt man mit einem Punkt ab:

Ich habe ihn gestern gesehen. Er sah nicht besonders gut aus.

Dies gilt nicht nur für vollständige Sätze, sondern auch für Ellipsen, also eigentlich unvollständige Exemplare, die aber Schwung in die Darstellung bringen:

Tief durchatmen. An etwas Schönes denken. Regelmäßige Bewegung. Viel Fisch essen, ungesättigte Fettsäuren. Lieben. Sozial aufgehoben sein. Das hilft.

Hinter Überschriften, Werktitel oder Deklarationen setzt man dagegen keinen Punkt:

Die deutsche Rechtschreibung – Der kaukasische Kreidekreis – Konferenz über Sicherheit und Zusammenarbeit in Europa

Dies gilt auch dann, wenn es sich nicht um Ellipsen, sondern um ganze Sätze handelt:

Schneeverwehungen behinderten gestern den Autoverkehr

Das Ausrufezeichen dient zunächst einmal zur Kennzeichnung von Ausrufen:

Feuer!

Normalerweise genügt schon ein besonderer Nachdruck bei einer Behauptung oder Aufforderung. Auch Grüße oder Wünsche werden damit versehen:

Ich habe ihn gestern wirklich mit eigenen Augen gesehen!
Kommender Donnerstag ist definitiv der letzte Termin zur Abgabe der Arbeit!
Einen wunderschönen guten Morgen!
Für deine Prüfung alles Gute!

Dies gilt auch für Überschriften. Man schreibt niemals einen Punkt, wohl aber hin und wieder ein Ausrufezeichen:

Chance für eine diplomatische Lösung!

Andererseits soll nicht nach jedem Imperativ automatisch ein Ausrufezeichen stehen, sofern sich der Nachdruck in Grenzen hält:

Rufen Sie bitte später noch einmal an.
Lesen Sie dazu meine letzte Veröffentlichung.

Anreden in Briefen können mit oder ohne Ausrufezeichen versehen werden:

Lieber Soundso!

Oder:

Lieber Soundso,

Allerdings ist das Ausrufezeichen in diesem Fall etwas förmlich. Schon anders sieht es aus, wenn man die heute viel üblichere Anrede benutzt:

Hallo, Herr Soundso!

In der Schweiz setzt man überhaupt kein Zeichen, also:

Sehr geehrter Herr Soundso
Wie wir gestern besprochen haben …

Fragezeichen kennzeichnen Sätze als Fragen:

Warum hat es eigentlich eine Rechtschreibreform gegeben?

Die Elefantenmama schenkt ihrem Baby einen Hut, der schön ist

Oder: Das Komma vor Nebensätzen

Der Punkt als Zeichen des Satzschlusses war historisch gesehen das erste Satzzeichen überhaupt. Das Komma kam später auf, und zwar als Gliederung des Atemstroms. Im späten Mittelalter ist es als Schrägstrich, als sogenannte Virgel, notiert, die sich lange hielt – bis ins 17. Jahrhundert. Erst allmählich hat sich dieser Schrägstrich erstens zum kleineren Komma entwickelt, zweitens aber eine neue Funktion angenommen: Statt als Atempause kennzeichnet das Komma die syntaktische Gliederung des Satzes. Auch dies ist wieder nur aus der Sicht des Lesenden zu begreifen. Er bekommt mit der syntaktischen Gliederung Anhaltspunkte für das Verständnis der einzelnen Wörter bzw. Wortgruppen. Während unsere Nachbarsprachen bei der sogenannten rhetorischen (am Atemstrom orientierten) Zeichensetzung geblieben sind, ist also auch dies für das Deutsche kennzeichnend. Die Rechtschreibreform hat zunächst Vereinfachungen vorgenommen, die jedoch inzwischen fast alle rückgängig gemacht wurden, weil der Verlust an Übersichtlichkeit auf der Hand liegt.

Zur Einarbeitung benutzen wir eine kleine Geschichte. Sie handelt von einem kurzen Satz, der länger und länger wird. Er lautet:

Die Elefantenmama schenkt ihrem Baby einen Hut.

Wie kann dieser Satz gewissermaßen wachsen? Man kann sagen:

Die Elefantenmama schenkt ihrem Baby einen schönen Hut.

Man kann aber auch sagen:

Die Elefantenmama schenkt ihrem Baby einen Hut, der schön ist.

Und schon haben wir ein erstes Komma. Weshalb? Weil wir jetzt das Adjektiv zu einem Nebensatz erweitert haben. Genauer gesagt: Wir haben aus dem Attribut einen Relativsatz gemacht. Damit man ihn besser erkennt, trennt man ihn durch Komma ab. So ist es auch in den folgenden Fällen:

Der Hut gehört jetzt dem Baby, das sich riesig freut.
Das freut auch die Mutter, die ganz stolz ist.

Lauter Relativsätze also, die man zugleich mit Attribut formulieren könnte:

Der Hut gehört jetzt dem sich riesig freuenden Baby.
Das freut auch die stolze Mutter.

Dann haben wir wieder reine Hauptsätze, in denen kein Komma steht. Das Komma zeigt eben an, dass ein Nebensatz folgt. Relativsätze sind solche Nebensätze. Sie werden mit *der, die, das* (früher auch: *welcher, welche, welches*) eingeleitet, auch mit deklinierten Formen von *der, die, das*:

Der Hut, dessen Besitzerin vor Freude laut trompetet, ist rot.

Der Hut, dem der Wärter nachtrauert, ist total zertrampelt.
Der Hut, den das Elefantenbaby trägt, ist berühmt.

In diesen Fällen sieht man übrigens, dass ein Relativsatz, der in den Hauptsatz eingebettet ist, nicht nur am Anfang ein Komma erhält, sondern auch am Ende. Nach dem zweiten Komma weiß ich also, dass der Hauptsatz wieder aufgenommen bzw. fortgeführt wird. Das kann für das Verständnis sehr wichtig sein.

Die Mama trat versehentlich den Hut, dem der Wärter nachtrauerte, zu Brei.

Ohne das zweite Komma kommt man bei eiligem Lesen leicht ins Grübeln, was es denn mit dem *Brei* auf sich hat:

**Die Mama trat versehentlich den Hut, dem der Wärter nachtrauert zu Brei.*

Relativsätze gehören also durch Komma abgetrennt oder in Kommas eingeschlossen, weil man sie sonst suchen muss. Das kann sehr mühsam sein, wie etwa das folgende Beispiel zeigt:

**Mamas treten einen Hut dem Wärter nachtrauern ungern zu Brei.*

Kaum jemand versteht diesen Satz auf Anhieb, während er sich mit Kommas leicht liest:

Mamas treten einen Hut, dem Wärter nachtrauern, ungern zu Brei.

Zu den Relativsätzen gehören schließlich auch die sogenannten *w*-Sätze (indirekte Fragesätze):

Das Elefantenbaby weiß nicht, wo der Hut liegt.

Das Elefantenbaby weiß nicht, was seine Mama von ihm will.
Das Elefantenbaby weiß nicht, wie es den Hut aufsetzen soll.
Das Elefantenbaby weiß nicht, wer seinen Hut hat.

Aber es gibt auch noch ganz andere Nebensätze. Zur Erläuterung wird zunächst die Geschichte weitererzählt.

Die Elefantenmutter schenkt ihrem Baby morgens einen Hut.

Jetzt enthält der Hauptsatz ein Adverb, *morgens*. Dieses Adverb kann ich wieder zu einem kompletten Nebensatz umformulieren:

Als der Morgen anbrach, schenkte die Elefantenmama ihrem Baby einen Hut.

Wie Relativsätze werden also auch Sätze mit Konjunktionen durch Komma abgetrennt bzw. durch Kommas eingeschlossen:

Die Elefantenmama schenkt ihrem Baby einen Hut, damit es mit seinem Trompeten aufhört.
Weil es sonst trompetet, schenkt die Elefantenmama ihrem Baby einen Hut.
Die Elefantenmama schenkt ihrem Baby, obwohl es trompetet, einen Hut.

Zu diesen Konjunktionen zählt auch die Konjunktion *dass*. Zum besseren Verständnis sei wieder an den Beispielsatz angeschlossen. Man kann ihn folgendermaßen erweitern:

Ich finde es super, dass die Elefantenmama ihrem Baby einen Hut schenkt.

Diesmal hat der Nebensatz wieder eine andere Funktion. Sehr verkürzt lässt er sich folgendermaßen umwandeln:

Ich finde das Geschenk (wen oder was?) *super.*

Der *dass*-Satz ersetzt also ein Objekt und heißt deshalb auch Objektsatz. Genauso gibt es Subjektsätze:

Dass die Elefantenmama ihrem Baby seinen Hut schenkt, ärgert den Wärter.

Man kann ja umformulieren:

Das Geschenk (wer oder was?) *ärgert den Wärter.*

Für die (grammatische) Zeichensetzung wichtig ist die Erkenntnis, dass man alle Formen der Nebensätze durch Komma abtrennt: Relativsätze, Sätze mit Konjunktionen, darunter auch diejenigen mit *dass,* also die Subjekt- und Objektsätze. Der Grund dafür ist klar. Wenn ich viele Wörter vor mir sehe, ist es ein großer Vorteil, wenn ich weiß, welche davon zum Hauptsatz und welche zum Nebensatz gehören. Und ganz nebenbei wird deutlich, wie wichtig es ist, zwischen *das* und *dass* zu unterscheiden. *Das* ist Relativpronomen, *dass* ist Konjunktion. Beide leiten völlig verschiedene Nebensätze ein. Es verwirrt total, wenn man liest:

**Das Elefantenbaby, dass so süß ist, freut sich über einen Hut.*
**Das Elefantenbaby ist so süß, das seine Mama ihm einen Hut schenkt.*

Wenn Nebensätze durch Komma abgetrennt bzw. in Kommas eingeschlossen werden, muss man sie natürlich als Nebensätze erkennen. Dies ist relativ leicht, solange ich es mit Relativpronomen oder Konjunktionen zu tun habe.

Nur sind die Relativpronomen gleichlautend mit den Artikeln. Man muss also darauf achten, ob ganze (Neben)Sätze mit einem eigenen Prädikat folgen. Bei den Konjunktionen hat man es leichter, weil sie eigenständige Wörter darstellen. Dafür gibt es bei den Konjunktionen eine andere Tücke. Sie können wegfallen. Dies betrifft zunächst die Konjunktion *wenn*:

Bekommt er den Hut, hört er sofort mit dem Trompeten auf.

Man kann ja leicht umformulieren:

Wenn er den Hut bekommt, hört er sofort mit dem Trompeten auf.

Genauso tückisch ist die Umkehrung des Satzes:

Er hört sofort mit dem Trompeten auf, bekommt er nur den Hut.

In diesen Fällen muss man also den konjunktionslosen Nebensatz jeweils wie den Nebensatz mit Konjunktion behandeln und mit Komma abtrennen. Dies gilt auch für die Konjunktion *dass*:

Die Elefantenmama vergaß nicht, ihrem Baby einen Hut zu schenken.

Auch in diesem Fall zeigt die Umformulierung sofort, um welche Art von Nebensatz es sich handelt:

Die Elefantenmama vergaß nicht, dass sie ihrem Baby einen Hut schenkte.

Es handelt sich also um einen *dass*-Satz, genauer gesagt: um einen Objektsatz. Diese *dass*-Sätze erhalten bei Verkürzung einen Infinitiv (*zu schenken*). Solange diese Infinitive nicht alleine stehen, werden sie durch Komma abgetrennt. Nur wenn kein einziges Satzglied ihrer ›Erweiterung‹ dient, verzichtet man auf das Komma (wenn es sich nicht um eine Hervorhebung besonderer Art handeln soll):

Die Elefantenmama vergaß nicht zu schenken.

Auf diese Weise können nun bequem unterschiedliche Bedeutungen auseinandergehalten werden:

Das Elefantenbaby beeilte sich am Morgen zu trinken. (Es beeilte sich am Morgen.)
Das Elefantenbaby beeilte sich, am Morgen zu trinken. (Es beeilte sich mit dem Trinken.)

Damit vergleichbar ist die Behandlung von Partizipien bzw. Partizipgruppen. Nur erweiterte Partizipien werden durch Komma abgetrennt:

Mit erhobenem Rüssel trompetend, begrüßte das Elefantenbaby seine Tante.
Trompetend begrüßte das Elefantenbaby seine Tante.

Eine letzte Schwierigkeit entsteht bei mehrteiligen Nebensatzeinleitungen. In diesem Fall kann es Alternativen geben:

Die Elefantenmama freute sich, auch wenn ihr Baby noch sehr leise trompetete.
Die Elefantenmama freute sich auch, wenn ihr Baby noch sehr leise trompetete.

Mehrteilige Nebensatzeinleitungen können also je nach Sinn *zusammen* den Nebensatz einleiten (nach *auch* folgt also kein weiteres Komma).

Das Elefantenhaus war ruhig, ich blickte erwartungsvoll in die Runde

Oder: Das Komma zwischen Hauptsätzen

Nicht nur Nebensätze werden von Hauptsätzen abgetrennt, auch Hauptsätze von Hauptsätzen. Man kann Hauptsätze aneinanderreihen:

Das Elefantenhaus war ruhig, ich blickte erwartungsvoll in die Runde.

Oder gleich drei Hauptsätze:

Das Trompeten wird lauter, das Gitter hebt sich, die Elefantenmama tritt ins Freie.

Natürlich kann man in beiden Fällen statt der Kommas auch jeweils einen Punkt setzen. Dabei können solche Aufzählungen auch durch *und* verbunden werden:

Das Trompeten wird lauter(,) und ich blickte erwartungsvoll in die Runde.

In diesem Fall ist das Komma nicht (mehr) notwendig, aber möglich. Ausschlaggebend ist, dass ein Leser die Aneinanderreihung der Hauptsätze erkennt. Denn dabei können erhebliche Irritationen entstehen. Nehmen wir das Beispiel:

Das Elefantenbaby schätzt seine Tante und seine Mutter liebt es.

Wer würde sich hier nicht sofort festlesen und wieder von vorn beginnen müssen? Man versteht ja auf Anhieb zuerst:

Es schätzt jemanden. Wen? *Seine Tante und seine Mutter.*

Erst dann merkt man, dass der Satz so nicht gemeint sein kann. Das lässt sich eben durch ein Komma klären:

Es schätzt seine Tante, und seine Mutter liebt es.

Jetzt ist klar, dass man es mit zwei Hauptsätzen zu tun hat:

Es schätzt seine Tante. Und: *Es liebt seine Mutter.*

Ob die Verbindung mit *und* besonders glücklich ist, sei dahingestellt. Aber man versteht jedenfalls sofort, was gemeint ist. Im folgenden Fall wäre dagegen ein Komma fehl am Platz:

Es schätzt seine Tante und geht oft zu ihr.

Auch wenn das Subjekt *es* noch einmal wiederholt wird, erübrigt sich das Komma:

Es schätzt seine Tante und es geht oft zu ihr.

Sogar wenn das Subjekt wechselt und die Verhältnisse übersichtlich sind, kann man sich das Komma sparen:

Es geht oft zu seiner Mutter(,) und seine Schwester tut es auch.

Erst wenn die Hauptsätze länger werden, hilft das Komma beim Verstehen. Im folgenden Fall ist ein Komma empfehlenswert:

Gestern hat während des Vormittags im Zoo ein leichter Nieselregel eingesetzt, und sofort zeigten sich Elefantenmama und Elefantenbaby äußerst missmutig.

Entsprechend ist das Komma fakultativ bei *beziehungsweise/bzw., entweder … oder, sowohl … wie (auch), weder … noch*:

Das Elefantenbaby geht nur bei gutem Wetter ins Freie(,) bzw. seine Mama drängt es bei schlechtem hinaus.
Entweder ging es freiwillig hinaus(,) oder die Mama drängt es.
Sowohl fraß es Möhren(,) wie es sich auch mit Heu begnügte.
Weder fraß es Heu(,) noch nahm es Möhren.

Ist in diesen Fällen Fingerspitzengefühl gefragt, gibt es in anderen wieder klare Regeln. Dies betrifft die entgegenstellenden Konjunktionen *aber, sondern* usf. Sätze, die mit ihnen eingeleitet sind, werden ausnahmslos durch Komma abgetrennt:

Sie frisst sich nicht am Heu satt, sondern an den Rüben.
Es ist satt, aber unruhig.
Einerseits ist es satt, andererseits unruhig.
Die Mama ist teils freundlich, teils genervt.
Der Wärter lächelte halb verlegen, halb belustigt.

Die Elefantenmama fraß Heu, Zweige, Rüben

Oder: Aufzählungen

Wir haben bislang über die Aneinanderreihung von Sätzen geredet, über Hauptsätze und über Nebensätze. Aber auch innerhalb von Sätzen brauchen wir das Komma, und zwar bei Aufzählungen. Dabei gibt es den einfachen Fall der Aufzählung von Wörtern oder Wortgruppen:

Die Elefantenmama fraß Heu, Blätter, Rüben.
Das Elefantenbaby versuchte sich an einem Haufen Heu, an herumliegenden Zweigen, an Stücken von Rüben.

Wenn die Aufzählung im Satzinnern vorkommt, wird nach dem letzten Gegenstand kein Komma gesetzt:

Eine Menge Heu, Blätter, Rüben bilden den Speiseplan der Elefanten.

Wenn der letzte Gegenstand mit *und* angeschlossen ist, steht vor ihm ebenfalls kein Komma:

Eine Menge Heu, Blätter und Rüben bilden den Speiseplan der Elefanten.

Aufpassen muss man bei Adjektiven. Häufig sind sie als Aufzählung von Eigenschaften gemeint:

Das Elefantenbaby verbringt lange, schöne, unbeschwerte Tage bei seiner Mama im Gehege.

Aber die Adjektive können auch miteinander verbunden sein, sodass ein Adjektiv das andere näher bestimmt:

Der Wärter trug einen neuen blauen Kittel. (Blau waren die Kittel schon immer.)

Manchmal ergeben sich erhebliche Bedeutungsunterschiede zwischen Varianten mit und ohne Komma:

Neue, unbelastete Nahrungsmittel wurden bei der Fütterung eingeführt. (Die Nahrungsmittel waren neu und außerdem unbelastet.)
Neue unbelastete Nahrungsmittel wurden eingeführt. (Die Nahrungsmittel waren schon immer unbelastet. Das gilt auch für die neuen.)

Obst, zum Beispiel Äpfel, schätzen sie besonders

Oder: Einschübe, Zusätze, Nachträge

Aus der mündlichen Rede stammen Einschübe, Zusätze, Nachträge, die den ›normalen‹ Satzaufbau unterbrechen. Sie werden durch Komma oder entsprechende Satzzeichen abgetrennt, um Klarheit zu erreichen. Dazu gehört die Parenthese:

> *Eines Tages, es war mitten im Sommer, war das Elefantenbaby weg.*
> *Eines Tages – es war mitten im Sommer – war das Elefantenbaby weg.*
> *Eines Tages (es war mitten im Sommer) war das Elefantenbaby weg.*

Genauso wird die Apposition behandelt:

> *Das Elefantenbaby, ein ziemlicher Rüpel, und seine Tante zankten sich ums Futter.*

Dies gilt ebenfalls für Appositionen, die mit *also, besonders, das heißt* (*d. h.*), *nämlich, und zwar, vor allem, zum Beispiel* (*z. B.*) oder dergleichen eingeleitet werden:

> *Obst, besonders Äpfel, fressen Elefanten gerne.*
> *Obst, d. h. Kernobst, gehört zu ihren Lieblingsspeisen.*
> *Obst, z. B. Äpfel, schätzen sie besonders.*

Der Elefant liebt Obst, vor allem in frischer Form, über alles.
Der Elefant liebt Obst, und zwar einheimisches wie ausländisches, über alles.

Schließlich gilt dies für Nachträge verschiedener Art:

Sie, die Elefantenmama, kennt sich in ihrem Gehege bestens aus.
Sie und ihr Baby, sie sind unzertrennlich.

Bei mehrteiligen Ortsangaben ist das letzte Komma dagegen fakultativ. Sie werden also entweder wie Aufzählungen oder wie Appositionen behandelt:

Die Fütterung wird Mittwoch, den 14. November(,) ausfallen.
In der Zoozeitschrift, Jahrgang 2005, Heft 13, S. 12(,) findet sich ein Artikel über Elefantenbabys.

Es kann aber auch im Ermessen des Schreibenden liegen, ob etwas als Zusatz oder Nachtrag gemeint ist oder nicht:

Die Futterkosten(,) einschließlich Wasser(,) betragen 30 Euro.
Die Elefantenmama kam(,) in vollem Lauf(,) auf ihr Baby zu.

»Darf ich trinken?«, fragte das Elefantenbaby

Oder: Semikolon, Doppelpunkt und Anführungszeichen

Zwischen Punkt und Komma steht das Semikolon. Es stammt noch aus der Zeit, als man Sätze nach Atempausen gliederte. Die größten Bögen, die man mit einem Mal Luftholen spannen konnte, wurden als Kolon (Plural: Kola) bezeichnet. Das Semikolon ist ein ›Halbkolon‹, während das Komma ursprünglich einen wiederum kürzeren Teil bezeichnete. Heute wird das Semikolon benutzt, wenn ein Punkt zu stark, ein Komma zu schwach erscheint:

Im Elefantenhaus war es still; ich sah erwartungsvoll in die Runde.

Der Doppelpunkt gliedert in dem Sinne, dass der ihm nachfolgende Teil als Fazit oder Pointe aufgefasst wird. Damit kann man Sätze sehr gut steuern. Doppelpunkte sind wie kleine Fanfarenstöße: Pass auf, lieber Leser, jetzt kommt's, etwa in Formulierungen wie dieser:

Heu, Möhren und Äpfel: alles weg.

Man kann in diesem Fall natürlich auch einen Gedankenstrich setzen:

Heu, Möhren und Äpfel – alles weg.

Wenn nach dem Doppelpunkt ein Ganzsatz folgt, wird das erste Wort großgeschrieben:

Heu, Möhren und Äpfel: Alles war binnen einer einzigen Stunde gefressen.

Im Übrigen spielt der Doppelpunkt eine Rolle bei der wörtlichen Rede:

Das Elefantenbaby fragt die Mama: »Darf ich trinken?«

Dies gilt immer dann, wenn die wörtliche Rede folgt. Wenn sie vorangeht, steht bloß ein Komma:

»Ich möchte trinken«, sagte das Elefantenbaby.

Und wenn es fragt, stehen sogar zwei Satzzeichen, aber es wird kein Doppelpunkt gesetzt:

»Darf ich trinken?«, fragte das Elefantenbaby.

Ines' Schwester ist in wen'gen Augenblicken auf'm Ku'damm

Oder: Auslassungen und Abkürzungen

Beschäftigen wir uns zum Schluss mit dem, was man nicht schreibt, gekennzeichnet durch Apostroph oder Auslassungsstrich. Der Apostroph steht für das Genitiv-*s*, wenn ein Wort auf ein *s* oder einen ähnlichen Laut endet. Kein Problem gibt es etwa bei:

Norberts Vater, Ingrids Mutter

Ansonsten muss der Apostroph her:

Ines' Schwester, Marx' Schriften, Ringelnatz' Werke

Wenn mündliche Rede wiedergegeben wird, markiert der Apostroph die kleinen Auslassungen in der Rede:

in wen'gen Augenblicken – das Wasser rauscht' herab – mit 'm Fahrrad geht's auch

Auf Anzeigetafeln ist manchmal nicht genug Platz, dann markiert der Apostroph die Abkürzung:

D'dorf – Ku'damm

Um Wiederholungen zu vermeiden, tut der Ergänzungsstrich gute Dienste:

Haupt- und Nebeneingang – Natur- und syntheti-

sche Gewebe – Verkehrslenkung und -überwachung – Textilgroß- und -einzelhandel

Man sollte den kleineren Ergänzungsstrich immer vom größeren Gedankenstrich unterscheiden. Meistens macht der PC dies von selbst. Wenn es nicht der Fall ist, muss man nachbessern.

Auslassungspunkte gibt es bei Einzelwörtern und bei Texten. Bei Einzelbuchstaben treten sie ohne Leertaste dahinter, bei Wörtern ist Leertaste erforderlich:

Du bist ein E...!
Scher dich zum ...!
Es war einmal ...
Die Übungen ... liefern ... Material genug.

Zur besseren Übersicht dienen zusätzliche eckige Klammern:

Die Übungen [...] liefern [...] Material genug.

Etwas anderes sind Abkürzungen. Einige haben einen Punkt, andere keinen:

Dr. med. – m (für Meter)

Dabei folgt eine Leertaste:

Er hat z. B. keine Birnbäume in seinem Garten. –
der 2. Artikel – der II. Artikel

Nach dem Abkürzungspunkt folgt bei Satzendstellung kein weiterer Punkt:

König war damals Friedrich II.

Wohl aber ein Frage- oder Ausrufezeichen:

Wann regierte Friedrich II.?
Das konnte nur einer: Friedrich II.!

Von Urin-stinkt und Anal-phabeten

Oder: Worttrennung am Zeilenende

Schließlich bleibt die Worttrennung am Zeilenende übrig. Zwar übernimmt dies der PC mit entsprechendem Programm. Aber man muss immer kontrollieren, was dabei herauskommt. Dafür liefern die Programme zu viel Wirrwarr. Als Leitlinie dienen zwei Grundprinzipien: die Trennung nach Sprechsilben (besonders bei einfachen Wörtern) sowie die Trennung nach dem Wortaufbau (besonders bei zusammengesetzten Wörtern). Dabei dominiert klar die Trennung nach Sprechsilben, womit die Reform zu Forderungen zurückkehrt, die schon Adelung Ende des 18. Jahrhunderts aufgestellt hatte und die 1901 im ersten Duden bestätigt wurden.

Einfache (mehrsilbige) Wörter spricht man sich in Gedanken langsam vor und achtet auf die entstehenden Fugen:

> *Bau-er – El-tern – ren-nen – Wel-le – gie-ßen* (nur in der Schweiz: *gies-sen*) – *po-e-tisch – na-hen – mah-len – Mahl-gang*

Diphthonge können auch allein übrig bleiben, nicht jedoch einzelne Vokale:

> *Au-ge – *A-bend*

Die Konsonantenverbindungen *ng, nk, tz, pf, dt* werden

(wie schon immer) getrennt, aber es kommt nun auch das *st* hinzu, sodass der alte Spruch nicht mehr gilt: »Trenne nie *st*, denn es tut ihm weh«:

sin-gen – sin-ken – sit-zen – rup-fen – Städ-te – ros-ten

Nur wenn Buchstabenverbindungen für einen einzigen Laut stehen, trennt man sie nicht:

la-chen – wa-schen – Sa-phir – Zi-ther

Auch im Falle von *Zucker* trennt man nicht wie früher *Zuk-ker*, sondern rückt die Verbindung zusammen auf die nächste Zeile:

Zu-cker

Schwierig sind wie immer die Fremdwörter. Auch hier gilt das Prinzip der Sprechsilbentrennung, wie wir sie bei deutschen Wörtern durchführen würden. Dabei werden Freiheiten eingeräumt, die über die Wortbildung in der Fremdsprache hinwegsehen (in deren Regeln ist nur die zweite Variante ›richtig‹):

Zyk-lus/Zy-klus – Mag-net/Ma-gnet – Feb-ruar/Fe-bruar – Pub-li-kum/Pu-bli-kum – Hyd-rant/Hy-drant

Bei Zusammensetzungen und Wörtern mit Vorsilbe trennt man bequem zwischen den einzelnen Bestandteilen, was meist auch mit den Sprechsilben übereinstimmt:

Heim-weg – Schul-hof – Ver-lust – kom-plett

Wo die Reformer vermuteten, dass die Vorsilben nicht mehr als solche wahrgenommen werden, gelten Alternativen:

hin-auf/hi-nauf – her-an/he-ran – dar-um/da-rum – war-um/wa-rum – Hekt-ar/Hek-tar – inter-es-sant/inte-ressant – Päd-agogik/Pä-dagogik

Wichtig ist es schließlich, Irreführung oder gar Peinlichkeiten zu vermeiden. Man denke an so harmlos erscheinende Wörter wie *Urinstinkt* oder *Analphabet*. Wenn dann herauskommt:

**Urin-stinkt* – **Anal-phabet*,

ist die Komödie perfekt. Selbst *beinhalten* sieht ausgesprochen komisch aus, wenn man es formal völlig korrekt in der Mitte trennt: *bein-halten*. Aber schön ist das Wort ohnehin nicht.

Ausblick

Wer dieses Buch aufmerksam durchgelesen, gar durchgearbeitet hat, wird unterwegs mehr als einmal seinem Ärger Luft gemacht haben: Ja, sie haben es vermasselt. Eine Reform, die so problematisch war, dass nach acht Jahren die nächste folgen musste, ist schon an sich eine Katastrophe. Aber auch die reformierte Reform (gültig seit dem 1. August 2006) mit ihren vielen Rückziehern überzeugt nicht. Das große Ziel der Vereinfachung wurde jedenfalls nicht erreicht, das Schreiben ist (mindestens) so schwer wie zuvor. Deshalb die Frage: Was machen mit der Reform?

(1) Keine neue Reform

Die Rechtschreibreform richtet sich an Menschen, die auch anderes zu tun haben, als sich mit Rechtschreibung zu befassen. Nach Reform und Reform der Reform in weniger als einem Jahrzehnt ist die Aufmerksamkeit für Neues mehr als abgeschöpft. So schlecht das Ergebnis ist oder sein mag: Wir müssen damit nun leben – mindestens die nächsten zwanzig Jahre. Vielleicht gibt es eine einzige Ausnahme: Rücknahme der Empfehlungen und Verwandlung der Alternativen in freie Varianten zur Auswahl. Man könnte natürlich auch einen Schritt weiter gehen und die erlaubten Versionen neben den empfohlenen streichen. Dagegen spricht jedoch die starke Widersprüchlichkeit der Empfehlungen selbst, insbesondere der oft nicht nachvollziehbare Wechsel von Alt und Neu.

(2) Befolgung der Reform

Wir sollten die Reform auch wider besseres Wissen befolgen (die Medien haben mittlerweile den Widerstand aufgegeben). Denn dies muss betont werden: Noch schlimmer als eine verunglückte Reform wäre ein Zustand der Verweigerung oder auch nur Ratlosigkeit mit der Folge eines permanenten Durcheinanders von Altem, Neuem und ganz Neuem. Schon jetzt droht eine Verwahrlosung, die sich auf das Argument stützen wird, dass die Reformer nach zwei Anläufen selbst nicht wussten, wie eine sinnvolle Verschriftung des Deutschen auszusehen hat. Damit wird immer weniger einleuchten, wie sehr die Schrift der Pflege bedarf. Noch nie hat eine Gesellschaft perfekt geschrieben. Aber noch nie war auch die Gefahr so groß, über der Preisgabe des Ideals der Korrektheit die Willkür selbst zur Maxime zu erheben.

(3) Fingerspitzengefühl bei der Anwendung

So richtig es ist, in Rechtschreibung eine Grundvoraussetzung der Verständigung zu sehen, so wichtig ist es auch, Unterschiede gelten zu lassen. Am kompromisslosesten muss die Befolgung der Regeln im Bereich der Laut-Buchstaben-Zuordnung sein. Hier drohen die meisten Missverständnisse bei Normabweichungen. Wer *dass* mit *das* verwechselt, zwingt seinen Leser zu erneutem Anlauf, ein **seeliges* Lächeln löst Nachdenken, ein **Grabmahl* vielleicht auch Heiterkeit aus.

Am wenigsten problematisch dürfte die Frage der Getrennt- und Zusammenschreibung sein. Man könnte sich vorstellen, bei einer zukünftigen Reform angesichts letztlich unlösbarer Probleme in diesem Bereich die Entscheidung weitgehend dem Schreiber zu überlassen (d. h., nach Sinn bzw. nach Betonungsverhältnissen zu verfahren). Jetzt müssen die Vorgaben der Reform beachtet werden, aber es sollte bei ihrer Durchführung auch Nachsicht walten. Wenn sich jemand (wie früher) **krank schreiben* lässt, ist jedenfalls ein weniger großes Unglück passiert, als wenn er in eine **Kriese* gerät. Bei *Not leidenden / notleidenden* Kindern bedarf es weder einer Empfehlung noch überhaupt einer Aufnahme ins Wörterbuch – die Unterscheidung kann getrost dem Schreiber überlassen bleiben.

Auch die Groß- und Kleinschreibung lässt sich nicht wirklich überzeugend regeln und hätte trotz der erwiesenen Vorteile beim schnellen Lesen schlicht abgeschafft werden sollen. Nun ist sie noch da und muss gehandhabt werden – Fehleinschätzungen einbegriffen. Wer seine Miete wie früher *zum ersten* des Monats statt *zum Ersten* überweist, richtet weder wirtschaftlichen noch besonders großen rechtschreiblichen Schaden an. Die letzten Feinheiten bei *recht/Recht* oder *ernst/Ernst* werden sich nicht allgemein durchsetzen, ohne dass die Verständigung gleich zusammenbricht.

Rigoros verteidigt werden sollte dagegen die unter allen Gebieten der Rechtschreibung traditionell am geringsten geachtete Zeichensetzung. Denn systematisch falsche oder fehlende Zeichensetzung behindert das Verständnis noch mehr als die eine oder andere **Kriese*. Fast unbegreiflich deshalb, dass sich gerade in diesem Bereich die Schamgrenze angesichts von Fehlern im freien Fall befindet. Dabei lässt sich (annähernde) Korrektheit auf keinem Gebiet der Rechtschreibung leichter lernen, weil das ›System‹ am klarsten ist.

(4) Lässt sich Korrektheit in der Schrift retten?

Wer es wüsste! Jedenfalls ist man nach der Reform sehr viel mehr auf sich selbst und seine Kenntnisse angewiesen als zuvor. Denn dies hat sich mittlerweile schon gezeigt: Rettung durch ein Korrekturprogramm gibt es nur bedingt. Der *Duden Korrektor Plus* funktioniert nach ersten Erfahrungen schlecht bis katastrophal. Der Grund liegt darin, dass viele neue Regeln eine kontextbezogene Anwendung verlangen. Dies macht die elektronische Verarbeitung so kompliziert, dass neben unakzeptabler Arbeitsdauer und häufigen Abstürzen das Ergebnis auch noch auf eine abschließende Entscheidung des Benutzers hinausläuft. Falls dies nicht entscheidend verbessert werden sollte, wird der Schriftverkehr deutlich fehlerhafter ausfallen als früher. Vielleicht motiviert wenigstens dies die Anwender, sich ein paar Abende hinzusetzen und die Regeln zu büffeln.

Zur raschen Orientierung

Laut-Buchstaben-Zuordnung

Getrennt- und Zusammenschreibung